U0644474

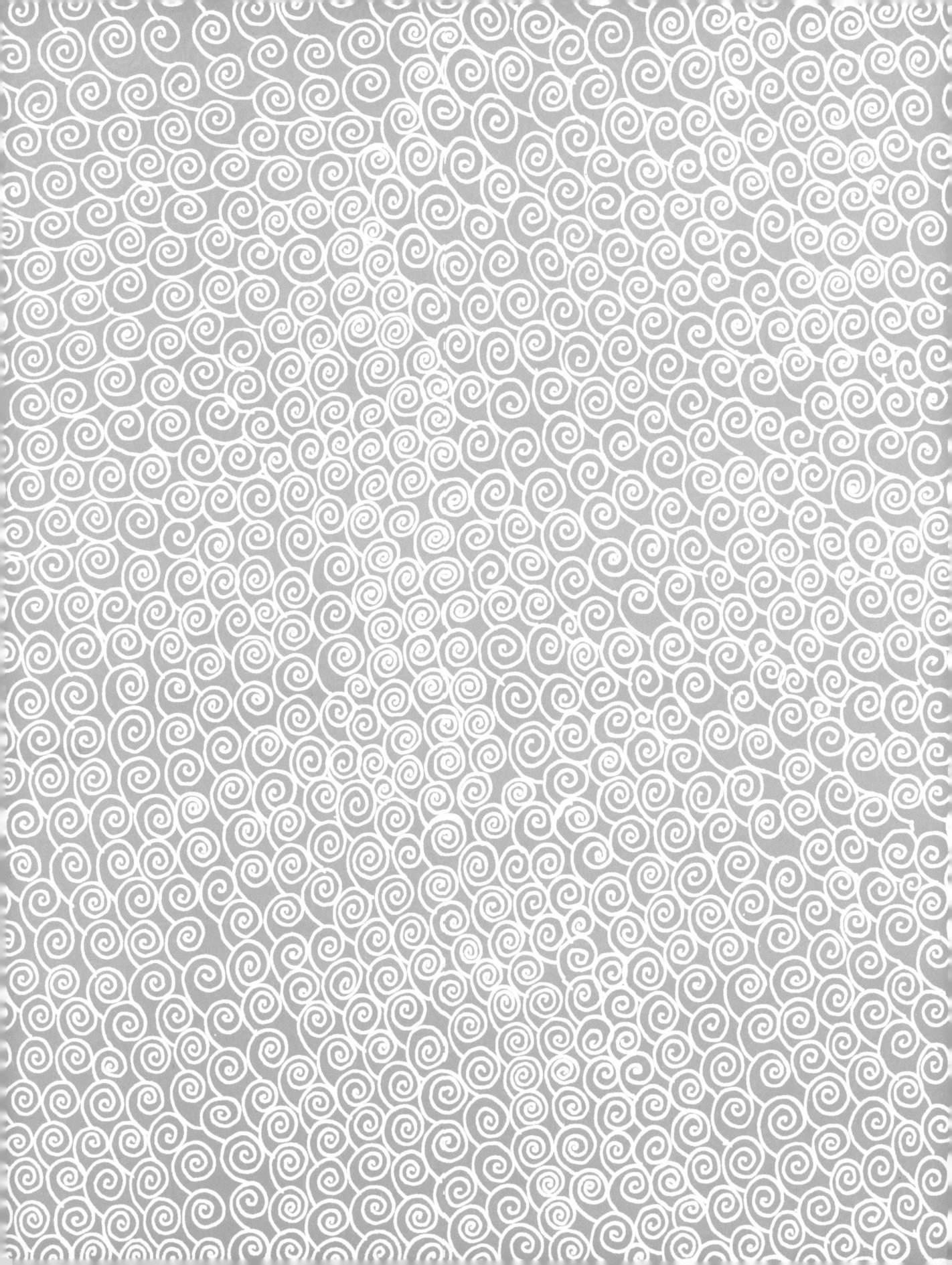

做最好的自己

著 | 〔波兰〕玛尔塔·金凯维奇

做最好的自己

插画 | 〔波兰〕乔安娜·热扎克 ◎ 皮奥特·卡尔斯基
译 | 郝菲菲

中国农业出版社
北 京

讲述先锋者的故事

先锋者就是在某些领域取得独特成就的人：他们或是发现了新大陆，或是发明了新事物，或是创立了新形式，或是构建了新模式，或是取得了新胜利，抑或是指明了新方向。

"先锋者"(Pionier)一词来源于拉丁语，意为有着巨大双脚的人。拥有一双大脚的人很有可能迈出了相当大的一步。先锋者做出巨大的贡献，开创人类未来。

然而，有时先锋者的努力也会导致一些麻烦。因为大步向前会有风险，没有人知道在前进的路上会遇到什么，或者会不会跌倒。另外，其他人也难以跟上先锋者的脚步。因此有时候，先锋者被视为怪胎，他们的遗产也被历史所湮没。

对于先锋者来说，冒着一切风险在世界上留下自己的足迹，需要极大的勇气。当然，倘若先锋者勇于冒险并取得成功，那么他的这一大步将会被载入史册，他会获得名望，并受到敬仰与尊重。最终，有些人可能会将他的事迹编纂成书。

来自科尔诺的约翰 约1435—约1484年

[原名：约翰·斯科维斯（John Scolvus）]水手，那个显然比哥伦布更早到达美洲的人

你们玩过传话的游戏吗？如我们所知，这个游戏需要几个人一起参与，这些人依次将第一个人想出来的某个词语或句子悄悄告诉下一个人，直至最后一个人大声说出他所听到的内容。这个游戏的乐趣在于，最后一个人听到的内容与第一个人说出的内容有可能完全不同。这是因为在传话的过程中，有人可能没听清或听错了，然后又加入了别的内容，最后就可能会出现这样的情况，比如第一个人说出的内容为"小猫咪"，而最后一个人说出的却是"小雏菊"……

传话游戏中的这种情况有时也会出现在历史中。如果失实的或者被篡改的信息被不断重复，抑或是出现在各种文件和书籍中，那么"谎言重复千百次就会变成真理"。

就这样，一个 **传奇**、虚假的故事诞生了，这是严肃的科学家们无意中创造出来的。而在历史编年表中，这个人物可能从未出现过。这样的事情就发生在来自科尔诺的约翰身上。他是**水手**，显然比克里斯托弗·哥伦布更早到达**美洲**，时间为**1476**年。关于他的信息，大家可以在任何一本百科全书中找到，在波兰的一些城市里也还能发现以他的名字命名的街道，甚至是纪念碑。他是文学作品中的英雄，也会出现在杰出的绘画作品中。当然，直至今日，也无从考证他是否真的存在过！

扬·马泰伊科曾在一幅名为"十五世纪大学对国家的影响"的画作中介绍了来自科尔诺的约翰。在画作中的前排部分，可以看到这位行者倚坐在地球仪旁。

科尔诺是一个位于波兰波德拉谢省的小地方，在那里，约翰被叫作"科尔诺最有名的人"。

在一些早前的文档中，他的姓氏有多种不同的外语表达方法。直到十九世纪，波兰历史学家约阿希姆•莱莱韦尔(Joachim Lelewel)才将其姓氏波兰化，这才出现了"来自科尔诺的约翰"。所以他就是波兰人吗？未必。挪威人、丹麦人和葡萄牙人也都认为这个角色来自他们自己的国家。那这个人是什么时候出生，又是什么时候去世的呢？这又是令人难以回答的问题，因为这些答案目前只是一种猜测。他的头发是金黄色还是栗色？他是一个体型纤瘦还是矮小肥胖的人？抑或是一名脸被晒伤且有着健硕肌肉的船员？可惜，这所有对于来自科尔诺的约翰的描述和形象都只是由艺术家们丰富的想象力创造出来的。

其中最有可能的是，他曾是丹麦国王的船员。但当时是什么年代，而且是什么样的环境呢？这都无从考究。我们也不确定他当时在船上做什么工作，尽管有人猜测他是船上的**舵手**或**领航员**。那他真的早于哥伦布到达美洲吗？很有可能并不是这样。当代研究人员证实，与北美大陆西岸半岛的情况类似，来自科尔诺的约翰所参加的这支远征队当时抵达了**格陵兰**，但格陵兰在后来的地图上被改称为**拉布拉多**。因此在这里就出现了分歧，或者水手们将岛屿误认成了大陆？至少不能排除他们在抵达格陵兰后，真的继续前行并发现美洲海岸的这种可能性……

领航员是专门确定船只方向的船员。

无论如何，许多关于来自科尔诺的约翰的问题到目前为止都还没有答案。尽管研究人员在图书馆、档案馆、博物馆等那些存有过去几代人成就的地方寻找，甚至这些机构还小心保留着很多书籍、作品和其他各种物品，以使它们能以最好的状态保存下去。自柯尔诺的约翰(John of Kolno)时代以来，已经过去了500年，因此许多与他生活有关的文件可能已经丢失或销毁。我们所拥有的唯一证据是一些零零碎碎的证词，据说是在那次航行发生一个世纪之后写的。在此基础上，就不能断定这里所说的远征军是否真的到达了那里。因为这些都只是猜测，也就不能消除人们对于这个传奇的波兰人是否存在过的种种疑问。但也可能有人会在未来发现一些泛黄的文档，从而让我们真正了解这段历史中的英雄的全部真相。

约翰·赫维留斯

其所处时代中，最大天文观测台的建立者

你

们还记得自己去邮局寄的最后那封在信封上有手写地址并贴有邮票的信吗？如今大多数时候，我们都通过电子邮件或短信的方式互传信息，因为这样更便捷。但曾经用纸写信并加盖邮戳是远距离沟通最普遍的方式。

约翰·赫维留斯曾以写作流利而著称。迄今为止，他有**3000多封信件**被保留下来，而他实际写过的信件数量肯定远多于此。正因如此，在他年轻时到过的很多地方，甚至几乎整个欧洲，都有他的朋友。除此之外，他也是一位**有学识的商人和政治家**，也因此，他不仅给家人和朋友写信，也写信给科学家、国王、官员以及买家。比起那些

当时，用来封闭信封的封章是由漆或蜡制成的。将灼热的封蜡或蜡（两种物质属性相似）倒在折好的信上，并在熔化的液体中盖以带有发信人标识（如首字母或徽章）的章印。待蜡印固化，信件即被封好。

常规的信件，他的信读起来让人感觉像科学论文。他寄出很多信件，当然也收到不少回信。他将这些信全部仔细地保存下来，并习惯性地按照不同的主题进行分类、排序。他甚至还制作自己信件的副本。但约翰•赫维留斯最先是以**天文学家**的身份被写入历史的。

在那个时代，**天文学**还不是大学中的学科专业。因此约翰当时可谓是自学成才。他阅读一切他感兴趣的书籍，并从中获得了许多知识与见闻。他有一座巨大的图书馆，其中收集的主要是天文和数学方面的书籍与作品。他还做了上千份笔记，并在其所阅读的书页空白处记录下自己的心得体会。同时，他还与那些同他一样的天文爱好者们保持联系，彼此交流。

他可以凝视星星长达几个小时，他被视为拥有猎鹰的视力，因为他能看到苍穹之中别人注意不到的细节变化，而这些细节可能是大多数人借助望远镜也看不到的。

赫维留斯用自己的钱建立了他那个时代最大的**天文观测台**。他能够负担得起，因为他足够富有：他从波兰国王和法国国王那里获得资助，建立了两家经营良好的**啤酒厂**。

天文学是关于天体和宇宙及其所处空间的科学。它与通过星星来占卜解读人类命运的占星术不同，请不要混淆！

赫维留斯曾是格但斯克最著名的**酒商**，即啤酒生产商。其所酿造的酒品中包括著名的尤派依斯基（Jopejskie）啤酒。这些啤酒在地下室进行陈年酿造，而地下室的钥匙由约翰亲自掌管。波兰赫维留斯（Heveliusem）啤酒中的一种就是以他的名字命名的。

他在格但斯克市中心还拥有三幢房屋，而这对他是很有利的。约翰将这三幢房屋的屋顶相连，这样他就创造出更多的空间。他将自己的天文设备置于屋顶，其中就有当时最大的 **50米长的望远镜**！这台望远镜是谁制作的？当然是赫维留斯自己。他认为，要想确保准确性，每位学者都应该自己制作研究仪器。

赫维留斯写了很多科学论文，其中包括**记录月球的《月面图》**。这份图谱作品包含文字、110幅插图、地图，这是有史以来第一次如此详尽地记录和描述星体表面。《月面图》共印制了500份，其中100份是赫维留斯亲自着色并分发的。一位同样观察月球的法国人看到这位波兰天文学家的图纸后颇为震撼，于是决定放弃自己的研究工作，转而关注其他事物，因为他认为自己远远比不过这位波兰人。

《月面图》(selenografia)一词源于希腊语。词的前半部分"Selena"表示"月亮"，结尾部分"grafia"表示"描述"。

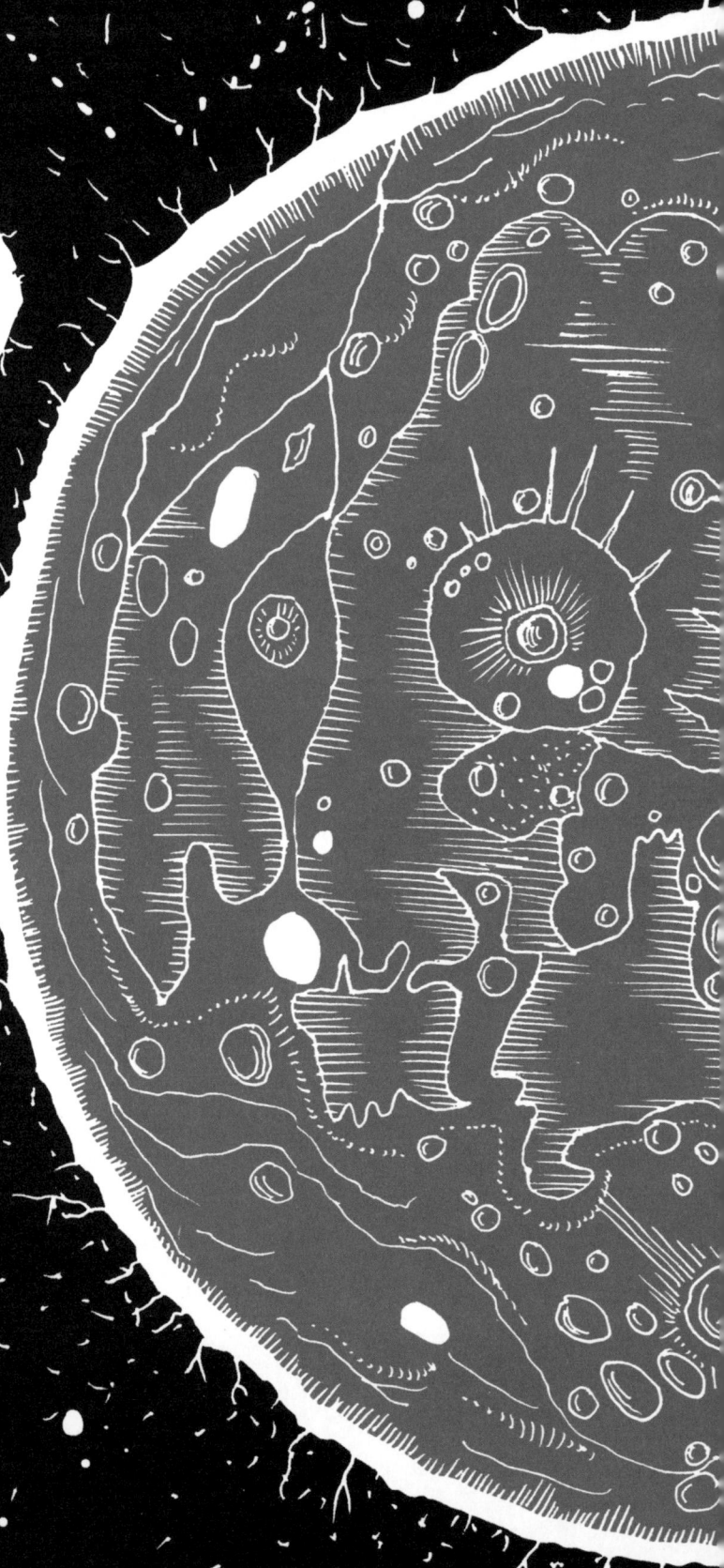

如果没有其第二任妻子伊丽莎白•考普曼，约翰•赫维留斯不可能完成所有的这些工作。伊丽莎白比约翰小36岁，但她凭借所接受过的良好教育为约翰提供了很大的帮助，甚至有人称她是第一位女性天文学家。在赫维留斯去世后，伊丽莎白在赫维留斯所写笔记的基础上，整理并出版了约翰最后的几篇论文。有这样的妻子也算是如获至宝！

伊格纳西·多梅可

1802—1889年

天然矿产的发现者以及智利教育的改革者

如果哪天你们来到**智利**，你们说自己来自波兰，然后看看智利人的反应，他们可能会欢呼鼓掌，甚至将你们捧在手心里！而这，都是因为伊格纳西·多梅可。这里所有的人都知道这个波兰人发现了什么，他们满怀感激与尊重地将他铭记于心。在每个稍大些的城市中，总能找到以他的名字命名的街道、礼堂和学校，他的名字甚至还被带到了安第斯山脉的群山之中。这是为什么呢？

因为正是这个波兰人，才使智利成为如今世界上**铜**产量最多的国家。以前人们在这里赚钱、养牛、耕地，没有人知道地下蕴藏着宝藏——**极其丰富的矿产原料**。直到伊格纳西·多梅可发现了它们，并教授当地的居民如何利用它们。智利人其实要感谢他的还不止这一点。说实话，

> **矿物学**，矿物学即关于矿物的学科，这也正是多梅可致力于研究的领域。

他对这个国家的贡献还有更多！

只要可以，他就会骑马上路。远方吸引着他，他想探究那里一切的神秘事物。他走遍了整个智利。长期远离文明世界和舒适的环境并没有对他造成任何影响。他忍受着艰难的旅程和艰苦的条件，在硬床上睡觉，在炉火旁做饭，还经常要忍受没地方洗漱的情况。在考察期间，他收集自己发现的**矿物**[其中一种后来以他的名字命名，即**砷铜矿(domeykite)**]和岩石样本。他满腔热情地记录着智利的这片土地及其人民（他也是近200份学术论文的作者）。他攀登至峰顶并注视着矿山。有一次，他在**火山**爆发之后登上山顶，并在那里考察研究长达数个星期。

伊格纳西·多梅可在智利发现了银矿、金矿、煤矿和硝石矿。但最重要的是他发现的**铜矿**，因为铜矿在全世界的资源储量不大，但需求量却很大。人们利用铜来生产电缆、工业机械和避雷针，同时也用其来覆盖屋顶、供水装置以及船舶表面。

就在那次研究期间，他成为山体间新火山喷发口形成的见证者。他在观察有毒气体排出的裂缝时失去了知觉，这险些让他丧命。幸运的是，一段时间过后，他醒了过来，才得以返回营地。他还到访过印第安**阿劳干人**（智利的少数民族），之后专门为阿劳干人建造了博物馆。

伊格纳西将考察之旅与**大学讲师**的工作联系在一起。他与智利的年轻人分享工作的知识和热情，以至于后来这些年轻人可以继续完成由伊格纳西开展的工作。他所表现出的幽默与信任，以及在学生们想要继续学习时他所给予的帮助让学生们都很崇拜他。此外，他还完善了当地的**教育体系**，以解决智利多数居民是文盲的问题。正是在他的努力下，位于首都的圣地亚哥大学已经成为一所非常好的大学。

阿劳干人称自己为"马普切人"，意为"土地之民"。

伊格纳西曾只身在**维尔纽斯大学**学习，开始在那里学习的时候他只有14岁，是当时年纪最小的学生。在那里他也结交到很多朋友，其中就包括亚当•密茨凯维奇(Adam Mickiewicz)。

伊格纳西•多梅可本应在智利只待六年，但他却在那里度过了半个多世纪的时间。精力充沛的他没有片刻的休息，他总是能自己找些事情做，他不知道无聊为何物。智利人起初嘲笑他西班牙语说得不好（来到智利后他必须尽快学习这种语言），但后来智利人终于还是赞赏他的丰功伟绩，并授予他**智利公民**的身份。甚至还为他铸造了一块**荣誉金牌**，上面写着：科学—工作—无私奉献。

在谈到祖国的问题时，多梅可总是强调他是波兰人，并深深思念着祖国波兰。我们也是从他留下的日记及众多信件中知道这些的。他总是热切期盼着波兰众多朋友的回信。对此他也必须保持耐心，因为信件都是通过海路运到他那里，有时甚至要经过三个月才能收到。他只用波兰语祷告（虽然他总是很忙，但还是经常努力腾出时间进行祷告）。对此，他声称，只有这样他才不会忘记自己的**母语**。能重返波兰是他最大的梦想，但当他成功做到的时候，他已经80岁高龄了。在欧洲停留四年之后，他又一次前往智利。

在欧洲停留期间，尽管伊格纳西•多梅可年事已高，但他还是造访了瑞士、奥地利、德国和罗马。

厄内斯特·马利诺夫斯基

跨安第斯铁路的建造者

一名本该在海上航行的船员，在山上做什么呢？如果我们能回到1870年，并去到当时的**安第斯山脉**，我们可以在那里看到在绳索上攀爬的船员们。他们做了什么？他们与上千名工人一起建造了**世界上海拔最高的铁路线**，而这条铁路线的设计者就是波兰人厄内斯特·马利诺夫斯基。

安第斯山脉纵贯**秘鲁**南北，并将秘鲁分为两部分：一边是海洋，另一边是高山。在群山之外的陆地上，蕴藏着大量的**天然宝藏**，由于人迹罕至，因此也未被利用。马利诺夫斯基由于准备铁路建设的方案才得以进入那片区域。他取得了秘鲁政府的许可，继而开始工作。项目的实施需要很多时间、努力和资金。

安第斯山脉位于南美洲，纵贯七个国家：委内瑞拉、哥伦比亚、厄瓜多尔、秘鲁、玻利维亚、智利和阿根廷。它是世界上最长的山脉。其最高峰海拔将近7000米。

20

尽管最初没人相信这个项目会成功，但这位波兰的工程师将自己的一生都奉献给了这件"作品"。

火车线路并不是很长，只有200**多千米**。但就是这段线路却经过了**高山**和**湍急的河流**。他们利用各种动物（骆驼和骡子）运送所需的设备和木材，或者靠自己背着运送。工人们攀爬得越高，失眠、疲倦和头痛等高原反应也开始显现出来，因为海拔越高的地区氧气越少。用于爆破的材料由于保存不当发生了几次爆炸。因此，坚硬的岩石就成了他们的阻力。他们还需要克服幽深的峡谷和冰冷的河水。冬季，雪和霜使工作更加困难。如果有队员患了感冒，就会传染给其他人，因此有时也会出现没有人工作的情况。

21

当然，在那个年代还没有
我们现在使用的建筑工具。
建造者只能用铁锹、撬棍、
镐和简单的炸药。

厄内斯特在与他人一样
辛苦劳作的同时，把自己
全部的时间投入到了这个不
太容易的建筑宫殿中去。尽管在
利马（秘鲁首都），他有着**漂亮
的公寓**和厨艺精湛的**法国厨师**，
但他还是放弃了这些舒适便利的
条件。他住在营地，与大家吃
同一口锅里煮出来的饭菜，睡
在帐篷里，同时也要忍受着夜
里﹣14℃、白天26℃的温差变
化。他冒着生命危险在悬崖边
攀爬绳索，只是为了指出适合
开通隧道和搭建桥梁的地方。有
一次雪崩将他吞没，但后来他奇
迹般地得救了。还有几次他险些
陷入湍急的山涧。当经费用尽，
他就自掏腰包购买所需的东西。
这也就不奇怪，为什么工人们都
爱戴他、喜欢他了。

马利诺夫斯基对住在安第斯山
的**印第安人**有着特别的亲和
力。正是他们的敏捷和灵活
才成功地在由一条狭窄的峡
谷和一条湍急的河流隔开
的两个垂直岩石中开凿
出两个相向而对的

22

跨安第斯铁路就是
跨越安第斯山脉的
铁路。"Trans"
在这里就是"通
过""穿过"的意
思。在我们这个半
球可以选择跨西伯
利亚铁路旅行，
即穿越西伯利亚
的铁路线。

隧道，并用两座桥将其连接起来，而这
两座桥是其中一座挂在另外一座之上。
这是因为印第安人通过弹弓将绳索射到
石墙之间并在那里系紧。这样就在绳索
上形成一座桥，继而可以进行之后的工
作。

如今，**跨安第斯铁路**主要用于运输货
物。但每月也会有一次或两次用于旅游
线路。在令人兴奋的12小时的旅行中，
参观者会通过**63条**在岩石上开凿出的
隧道，穿过**30座桥梁**，俯瞰巨大的山
谷（高达**80米**）。在欧洲，没有人相
信真的有这样一条铁路。直到欧洲人去
那里亲眼看到这项工程艺术杰作时，
全世界各大报纸才刊出关于它的文
章。在秘鲁，厄内斯特•马利诺夫
斯基被誉为国家英雄。

伊格纳西·卢卡西维茨

煤油灯的发明者

在 1853年7月的一个晚上，在利沃夫的一家医院里，一位病人急需做手术，不然他熬不到第二天早上。最终，手术顺利完成而且非常成功！这要得益于从当地药房借来的煤油灯，照亮了手术室。几天之内，医院就买了几盏这种灯和煤油，这也成为全世界进行的第一次**煤油交易**。而伊格纳西•卢卡西维茨的事业也由此开始。

虽然起初一切都不是那么容易……好几个月前大家就建议那位雇用卢卡西维茨的药剂师购买一定数量的原油。最终他接受建议并委派自己的两名雇员（伊格纳西和他的同事）研究其实用性。几天之后，他们成功从原油中获取了一种物质，这与大家从国外以高价买来的物质相似。

十九世纪中期，化学实验室都在**药房**里面，而药剂师都拥有广泛的化学知识。正因如此，可以在这里进行各种研究。

这个消息迅速传开，但并没有吸引多少其他药店的订单。失败了！但是卢卡西维茨并没有放弃，仍然继续研究。终于有一天，他成功地发现了石蜡，也就是煤油，并发现它可以用作灯的燃料。但问题是，当时所使用的油灯或煤气灯用不了这种新发现的燃料。所以伊格纳西就设计了**煤油灯**，用它来照亮药店的货架。在著名的利沃夫医院手术事件之后，煤油灯的使用也越来越普遍——大家用煤油点亮了房屋、工厂、街道……不久之后，伊格纳西•卢卡西维茨建造了全世界第一个**炼油厂**，并因此成为富有的实业家。

他提取石油的方法是如此新颖，以至于其他的企业家们都想找机会一探究竟。据称，美国石油大王**约翰•洛克菲勒**在拜访他的时候，也想用巨额资金交换其提取石油技术的奥秘。但卢卡西维茨拒绝了洛克菲勒的资金，而是把他想要的信息无偿给予了他。

约翰•洛克菲勒是美国的石油企业家，被誉为"石油大王"。有人认为他是历史上最富有的人。

25

他从根本上认为自己拥有的财富不是自己一个人获得的，而是归功于那些为他工作的人，因此他也尽力去帮助其他人。他以优惠的条件发放贷款，同时还把自己林子中的树木提供给别人建造房屋。他为那些在他的炼油厂运输货物的人买了马和马车。他用自己的钱创办学校并全力支持那些想要学习的人。他经营一家药房，并免费给最穷困的人治病。他修建道路，资助教堂并免费给周边的教区提供煤油。他的慷慨不是挥霍无度。他一直支持特定的事业——金钱用于提供帮助是远远不够的，明智地分配是很重要的。当有人认为他帮助了太多人时，他会回答说："宁愿帮助九十九个没有伸手要钱的人，也不要错过帮助有需要的人。"就这样，大家都称他为**"伊格纳西神父"**。

伊格纳西又高又瘦，有点驼背，常常显得心不在焉。但他却总是能清楚地知道身边发生的事情，他能记住一切，同时也能注意到一切。他监督员工，检

如今我们可能会说，伊格纳西·卢卡西维茨所给的是带有目的性的补助金，即钱应该花在能有所回报的地方。

查产品质量，回复信件，管理农庄，在乡委会工作。他关注生活中的每一个细节，并在所有地方，如家里、农场中、厂房内，他都能做到井井有条。

然而有一件事是他最不上心的，那就是着装。每天他都穿着白大褂，他一直认为穿旧衣服是最好的。他的妻子会偷偷将他的旧衣服换成新的，而他通常要在几天之后才意识到自己穿着新衣服。所以说，有些事情还是成功"逃脱"了他的注意！

斯蒂芬·德热维茨基

潜水艇的建造者

1844—1938年

到达从未有人到过的地方——这是每个探险家的梦想！斯蒂芬·德热维茨基是历史上最勇敢的探险家之一，他决心到海洋深处去旅行。他建造了历史上第一艘**以人体肌肉为驱动力的潜水艇**（借助脚踏板，如同自行车）。这艘潜水艇是单人艇。1877年，斯蒂芬坐在其中对其进行了首次展示——他在停靠于敖德萨港口的军舰下航行。

在学校里，斯蒂芬是个非常有才华的学生，但是却有些懒惰。他对学习根本没有兴趣，反而与同学一起开了很多玩笑来戏弄老师，他不止一次为此受到惩罚。但每次的期末考试他又能取得全校最好的成绩。校长将斯蒂芬的家长请到学校，然后让他们把斯蒂芬从学校带走。校长认为，斯蒂芬带坏了学校里那些个人能力不足的学生，而这些学生最需要学习的应该是系统性和勤奋。

在展示第一艘潜水艇之后，斯蒂芬·德热维茨基努力改进他的发明。不久之后，四人潜水艇诞生，之后是电力驱动的潜水艇，以及最后重达120吨的蒸汽驱动潜水艇。

尽管发生了这样令人遗憾的事情，斯蒂芬最终还是做了工程师。更确切地说，应该是非常**全面的工程师**。对他而言，其成就不仅在于**潜水艇**，还有**飞行器**和**地面车辆**。他对自己的发明进行研究、组装和试验。有一次，他所乘的潜水艇被卡在大船下面，他也险些因此溺亡，但是在最后一刻，他成功将其驶出并幸运地浮出水面。

德热维茨基发明的东西包括哈克尼出租马车的公里计数器，火车速度记录仪和流速描记器——一种自动绘制船只航向的仪器。除此之外，他还发明了**螺旋桨**。

德热维茨基有个叔叔，而这位叔叔并不看好他的那些想法。于是他们打赌：如果斯蒂芬能够证明他的那些发明可以赚到钱，那他的叔叔就给予他额外的资金支持。很难说是发明家的天赋促进了他的工作，还是面对买家时的幸运，但每次打赌叔叔都输了。斯蒂芬•德热维茨基成为一个富有的人，因为他不仅能从家里人那里得到钱，他的发明也能卖出很好的价钱。

其一生都生活在**上流社会**。他到各地去旅行，收集了各种艺术品。他的多处公寓布置得也都很高雅，配有雅致的家具和装饰品。

他优雅、聪明、机智，是一位很懂礼貌的绅士，许多人被他的魅力所吸引。一次，他向俄国沙皇及皇后展示潜水艇。透彻的湖水正好可以清楚地观察到水下的情形。潜水艇浮出水面后，德热维茨基从潜水艇中跳出并游上岸，令所有人惊讶的是，他手里握着一束兰花。然后他在沙皇皇后面前跪下并说道："这是海王星对殿下的敬意。"沙皇与皇后对此都感到很高兴。于是他又赢得了另外一位顾客。

居斯塔夫•埃菲尔 (Gustaw Eiffel)是德热维茨基在学习期间认识的，埃菲尔将自己著名的巴黎塔二层的一个房间给德热维茨基用作实验室。斯蒂芬在巴黎附近也有一栋别墅，那是他自己设计的。

海王星是希腊神话中的海神。

他一直身体健康地活到晚年。就在其去世前几天，他还在学术见面会上展示他的下一项工作。他一生的大部分时间都在法国度过，因此那里还留有他的收藏、学术文档和藏书丰富的图书馆。但在他本人的遗嘱中，他表示要将他的东西都留给波兰。遗憾的是，由于战争动乱，一切都已不复存在。太可惜了！

齐格蒙特·乌鲁布莱夫斯基

1845—1888年

物理学家，经实验得到液氧

固体可以转化为液体，而液体可以转化为气体。例如，在高温情况下，冰融化变成水，水继而蒸发。那相反的过程也可以吗？当然。降低温度，蒸汽冷凝液化，由此产生的水继而冻结，于是我们又看到了冰。够简单吧？每个人都可以做这种实验。然而事实证明，不是所有的气体都如此简单。很长时间以来，科学家们都致力于使氧气液化。尝试了很多次都没能成功，因此他们将氧气归为所谓的**永久性气体**，即无法液化的气体类别。

1951年，波兰科学院在第一届波兰科学大会上成立。在这次大会上发行了一张印有乌鲁布莱夫斯基和奥尔舍夫斯基肖像的邮票。

直到1883年，齐格蒙特•乌鲁布莱夫斯基与卡罗尔•奥尔舍夫斯基(Karol Olszewski)——两位雅盖隆大学的物理学家——进行了实验，并从中得到了**液氧**。他们把我们呼吸的气体变成了**淡蓝色的液体**。实验成功，研究人员相互拥抱，还跳起了华尔兹！

他们的发现在科学界着实引起了轰动，有人说这是构建了新物质并创造了新的可能性。波兰的两位物理学家获得了来自全欧洲的祝贺，唯独没有法国方面的祝贺。为什么？法国的科学家们认为波兰人窃取了自己的成果，因为波兰人使用了法国人公布出来的研究结果。他们在法国人所完成工作的基础上直接开始——而以这种方式在科学上（也不只是在科学方面）取得进展是正常的。

在乌鲁布莱夫斯基成名前，他必须克服不少的困难，其中就包括他的眼疾。完成学业后，他要进行手术以改善他的视力。虽然手术成功了，但医生却不准齐格蒙特在几年内进行阅读和写字。然而这并没有对他继续学习造成障碍。他还是与其他人一样经常去大学听讲座，只是不做笔记——**他记住了耳朵听来的所有内容！**两年内他取得了博士学位。

齐格蒙特·乌鲁布莱夫斯基

齐格蒙特私下会主动避开别人，也很少与他们见面，只是有时会为少数几个熟人破例。当他不在实验室工作的时候，就会待在自己舒适的处所内，然后在钢琴上弹奏贝多芬的作品，因为贝多芬是他最喜欢的作曲家。

卡罗尔·奥尔舍夫斯基

他这个人本身有些沉默寡言和不善交际，而且总是低声说话。当他成为一位**大学讲师**时，很多人都去听他的课；甚至那些课表中本没有物理课的学生也会出现在他的课堂上。

演讲厅外总是排着长队，大家都想要最好的座位。为什么会这么受欢迎呢？因为在讲座中，乌鲁布莱夫斯基可以把物理定律解释得如同讲述犯罪故事一样引人入胜，同时他还会给出有趣的例子并展示幻灯片。但最重要的是，他会进行各种实验，在学生面前他会变身为一名能召唤出最多种类物质且**技艺熟练的魔术师**。演讲厅的光线总是很暗，乌鲁布莱夫斯基不需要灯光，因为他没有笔记（他可有着非常强的记忆力），但是学生们却不能什么都不写，因为之后还要准备考试，特别是那时还没有像样的波兰物理教科书。不过无论如何，乌鲁布莱夫斯基也不会考那些书本中的定义。他的目的是要让学生们理解发生在自己所处世界中的物理现象，因此他会提出例如这样的问题：我们远离救护车时，它的鸣笛声为什么会发生变化？他还喜欢简短且具体的回答，那些冗长且复杂的推论会令他头疼。

齐格蒙特•乌鲁布莱夫斯基最开心的时候是在他自己的**实验室**里，他在那里度过了很长时间，有时他也会冒着生命危险进行实验。有一次，一台仪器发生了剧烈爆炸，幸运的是，由于他恰巧刚刚走开，才幸免于难。然而并不是每次都这么幸运：有一次他在深夜撰写书稿，不小心碰倒了油灯，里面的煤油被点着。之后不久，他就因大面积烧伤去世了。

几年后，齐格蒙特•乌鲁布莱夫斯基的合作伙伴——卡罗尔•奥尔舍夫斯基——被提名**诺贝尔奖**。然而乌鲁布莱夫斯基自己却已没有机会获奖，因为在此之前他就去世了。

如今**液氧**被应
用于很多领域，
其中包括用于航
天任务的火箭燃
料和燃料工业，
以及用于对鱼塘
的清洁和通风。
它也曾一度被
用来制造炸药，但
由于引发了大量事故，
因此已被一种更安全的替代
品取代。

35

切斯瓦夫·坦斯基

1862—1942年

波兰滑翔机先驱

鹳在飞翔时很少使用自己肌肉的力量。最常见的是它只利用巨大翅膀带动的空气和气流飞翔。如果是这样，那我们能从中总结出经验并尝试自己飞入云层吗？

切斯瓦夫·坦斯基并不是工程师，而是一名**画家**。他从母亲那里继承到了艺术天赋从而学习绘画，并在之后获得人气。他作为他人肖像画、风景画和马匹画的作者而得到认可。但如今很少有人在想到画作时会提到他的名字。因为他其实是以**飞行器建造者**和**波兰滑翔机先驱**的身份被写入历史的。

他进行第一次"飞行试验"好像还是在童年时期：当时还是小男孩的他，胳膊上绑着用火鸡羽毛做成的翅膀，从后院房屋的屋顶上跳下来。他对热气球也很感兴趣，给自己买了一个，并把它安全地系在地上。

先驱，是指超越其所处时代的成就并开启新时期的人。

滑翔机，是指类似于飞机的飞行器，但其不配有发动机，它借助气流上升。

但事实上一切都是后来才开始的，开始于他**对鸟类和昆虫的观察**。切斯瓦夫着迷于飞行并梦想着飞向天空。但由于那个时候航空业刚刚开始发展，他几乎完全依靠自己的**想象力和直觉**；艺术方面的才能当然是有用的。他在一间小车间工作，挣的钱并不算多。他收集一些材料，然后自行把所有的材料进行组装，之后再自行进行试验。他发明的第一件东西是用轻质的松树叶、椴树叶、柳条、软木、纤细且凝固在一起的丝粘连在薄纸上制成的。那些都是极其精细的材料，每一步都必须非常小心谨慎地进行。很多次那些易碎的元件都被打破，然后就需要修复或更换。坦斯基通过反复试验一步步成功地找到了解决问题的方法——他始终相信自己能够成功。

起初他建造了一个**单翼机**模型，就是带有一对飞行翼的滑翔机。飞行翼之间的跨度达到90厘米，机身长度达到80厘米。单翼机在飞行中完成翻转和转圈。它是**波兰历史上第一架飞行设备模型**。不久之后，他通过自学实现了最大梦想：他乘着自己建造的**滑翔机**升到空中——这就是所谓的**悬挂式滑翔机**！

今天，悬挂式滑翔机是一种轻型飞机，机翼由帆布做成三角架，架在一个框架上，通过安全带与飞行员的身体相连。飞行员从山上或其他高处跳下来获得升力。

37

整个设备重达18千克，其翼部伸展长度达7米。飞行员，即坦斯基自己，逆风奔跑，同时在头上握着整个设备。直到上升至30米的高度，他才顺利返回地面。他完成了**历史上第一次始于平坦地面的飞行**！之后他又建造了**直升机**（他称其为**螺旋机**），它是如今直升机的原型。遗憾的是，因为既没有人体肌肉作为驱动力量（借助曲柄），也没有发动机，所以它没能从地面上升起来。情况与**拉特卡飞机**类似，其重量太大且发动机太弱。

他对两种事情充满热情——绘画和航空。切斯瓦夫对生活中的其他方面并不感兴趣。绘画为他带来收入，但问题是他无法很好地对它们进行管理。他不交税（他用墙上的钉子将缴纳税款的传票钉在墙上并用帽子盖住），他会忘了付账单，他只会把钱花在他想做的事情上，甚至都注意不到可能两天后就没有面包吃了。但尽管钱包是空的，他还是成功解决了很多事情：推迟付款，获得半价木材，以借贷方式购买报纸。这也要归功于他的个人魅力——所有人都非常喜欢他，因此大家也就原谅了他**不羁的行为**。

坦斯基设计的三个飞行机器都被捐赠给博物馆，但最终失修了。如今可以在位于华沙的波兰科技博物馆看到悬挂式滑翔机的复制品。

切斯瓦夫·坦斯基的儿子——塔德乌什，是航空发动机及第一辆波兰汽车的建造者。

直至生命结束时，他还像个孩子。甚至在年纪很大时，他还会找机会开汽车（二十世纪初，汽车的建造及其较慢的速度使他得以这样做）。冬天，他在冻冰的水坑上滑行。他不必担心这样做会感冒，因为他的身体结实且非常健康。如果生病了，他就自行治疗，因为他对医生并不认可。八十岁的时候他还没有一根白发！有梦想、敢创造、不过度担心——这真的是长寿、健康和生活幸福的秘诀吗？

1957年，为了纪念首次滑翔机飞行六十周年，波兰设计了一枚切斯瓦夫·坦斯基奖章，以表彰他在波兰滑翔领域所取得的最杰出成就。

39

玛丽亚姓氏的第二部分源于她的丈夫皮埃尔·居里。她姓氏的两部分以不同顺序使用。有时大家也会直接称她为"居里夫人"。

玛丽亚·
斯克沃多夫斯卡·居里

1867—1934年

钋和镭元素的发现者

怎样做才可以让煮完的面条不粘在一起？用肉做肉汤，是加凉水还是热水？豆子要放在火上多长时间才能变软？当玛丽亚·斯克沃多夫斯卡·居里结婚时，她也在与这些问题做斗争。早些时候她一直忙于科学，根本不关心食物的问题，有时也会出现没钱吃饭的情况。结婚后，她决定学着做饭，但这条路却没有走通……她反而在**物理**和**化学**方面取得了卓越的成就，直至今日她都享誉全世界。在这种情况下，谁还会再想起她没有做出好吃的饭菜呢？

还是小女孩的时候，玛丽亚·斯克沃多夫斯卡与姐姐布罗尼斯瓦夫订立了一个协议：姐姐布罗尼斯瓦夫先前往巴黎求学，而玛丽亚留下工作，以资助姐姐的学业；之后二人再互换，即姐姐工作，妹妹去上学。出国求学是有必要的，因为当时在波兰没有任何大学接

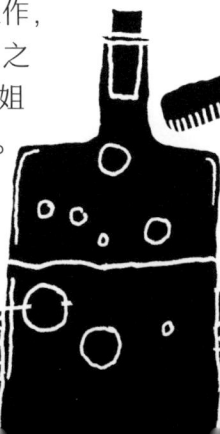

索邦学院（巴黎大学）是世界上最古老且最富声望的学院之一。

收女性。就这样，几年后玛丽亚开始在巴黎的**索邦学院**学习数学和物理，之后，她成为该学院历史上**第一位女性教授**！

她以最快的速度完成了学业，在此期间，她几乎不跟朋友会面，也很少出去散步。然而，她确实沉迷于一项课外活动——在业余剧院演出。她住在一间非常简陋的房子里。她经常没有足够的钱买柴火，因此冬季时那里经常寒气逼人，以致于她不得不把她所有的东西都拿来盖在身上，而早上她也只能在盆里找到已经冻成冰的水。在取得学位后，她致力于科学工作：在实验室里做实验来积累经验，开展讲座和书写科学论文。有时候为了不中断已经开始的实验，她一整天都不回家。

玛丽亚·斯克沃多夫斯卡·居里从没有学过化学。她通过一边进行实验，一边掌握了这个领域的知识。

她进行**放射性**实验，而她最大的成就就是发现了两种新的化学元素：钋（以"波兰"的拉丁语词命名）和镭。她也因其自身成就两次获得**诺贝尔奖**：1903年的诺贝尔物理学奖（与其丈夫及另一位科学家共同获奖）以及1911年的诺贝尔化学奖（自己一人获奖）。无论是在她之前还是之后，都没有人像她一样，成为**两个不同领域的**诺贝尔奖获得者！鉴于其杰出成就，玛丽亚·斯克沃多夫斯卡·居里成为唯一一位被葬于巴黎**万神殿**的女性，那里也是杰出法国代表人物的安息地。她出生于华沙，结婚后就获得了丈夫的法国国籍身份。然而，她总是对自己的波兰血统表达自己的感情。她一直与父亲保持联系，也经常回波兰去看看，直至生命尽头她也只说波兰语，当她的女儿出生后，她教她们讲波兰语，并雇佣波兰保姆来照顾她们。

玛丽亚与其丈夫不仅分享彼此对科学的兴趣，还愿意在大自然的怀抱中感受生活。他们将作为结婚礼物得来的钱购买**自行车**，然后一有空就骑车去乡下游玩。

钋作为热源和电力来源被用于卫星，同时也用做小型便携式电源，如在医学上被用来为心脏提供动力。

镭用于肿瘤和皮肤疾病的治疗。初期使用镭的疗法被称为镭疗或居里疗法（该名称源于居里），现在我们称其为放射性疗法。

放射性（放射活性）是指由某些具有辐射性的元素自发地放出射线的现象，其应用领域包括医学。

1935年，居里夫妇的女儿伊雷娜·约里奥·居里及其丈夫共同获得 诺贝尔化学奖。

假期的时候，他们会去更远的地方，但他们并不会提前计划路线和预订旅店。他们就这样起身出发，到哪里就在哪里住下，但从不在一个地方待太久。玛丽亚喜欢山，尤其是波兰的塔特拉山。她也成为第一批登上塔特拉山最高峰——**雷塞峰**的女性之一。除此之外，她还穿着**裤子**在山上徒步，这与当时的风俗相悖，而对于穿着**泳衣**在河里游泳她也毫不避讳。后来她还取得了**驾照**（在第一次世界大战期间，她自愿驾驶一辆装有便携式X射线设备的车辆）。她从不穿高跟鞋，因为她认为那太不实用。

名望给玛丽亚·斯克沃多夫斯卡·居里的生活带来了很多困扰。每个人都想与她对话，跟她握手或只是看看她；她的家里和工作的地方总是挤满了人。但这位诺贝尔奖获得者并没有改变自己的生活习惯：她照常工作，谦虚地生活，节俭地过日子，穿着朴素且不注重自己的发型。她没有从她的发现中获得任何收益，因为她放弃了自己的权利。为别人的福利而努力，这对她来说就够了。要知道，她本可以从中赚到大钱的，1克镭价值10万美元！阿尔伯特·爱因斯坦——有史以来最杰出的物理学家之一，也认识居里，他说："居里夫人是全世界唯一一个未受名望影响的人。"

在月球和火星上有斯克沃多夫斯卡陨石坑，在斯匹次卑尔根岛可以攀登居里·斯克沃多夫斯卡山。

卡基米日·热格兰

防弹背心的发明者

1869—1940年后

技术史上有时会出现这种情况，虽然彼此都没有看到对方，但却进行着类似的发明研究。还有一种情况就是，一个发明家利用别人的想法，做一点点改变，最后宣布这是他的作品。于是时间就具有了重要意义：谁能最快获得所造出东西的**专利**，谁就"获胜"了。这就是所谓的先到先得！

秉持着这样的原则，我们可以毫无疑问地下结论：卡基米日·热格兰发明了**防弹背心**，并于1897年为其申请了专利。有一些消息来源错误地将防弹背心的发明归功于简·什切潘尼珂，在他的工作过程中，热格兰与他一起合作过。误会从何而来呢？

热格兰当时是一个工作在芝加哥波兰教区的**修士**。在市长被暗杀后，他认为有必要做些

> 专利是指授予发明人在一段所指时间内对该项发明的所有权和专有使用权的法律性权利。

44

什么以防止类似事件再次发生，于是他开始制作一种能阻挡子弹，同时也能挽救人的性命的衣服。他没有接受过任何技术方面的教育，他只是凭借着自己的聪明才智才实现了后来的成就。

在当时，其实已经进行过使用防护装甲的实验，但都是由金属板制成的。这样的防护装甲既沉重又不舒服，而且防护效果也不好。卡基米日•热格兰找到一种方法，使防弹背心的重量不大，而且不会限制活动：他用纺织物料做成了防弹背心。大家感到难以置信并问道："这种平常的物料可以阻挡子弹？"是的。**丝绸**可以表现出非常柔韧且耐用的特性——如果处理适当——它可以变为不可穿透的盔甲。制成的背心从顶部起就覆有结实的帆布和动物皮毛；下部还有紧密堆积的丝线，并用一种神秘的物质固定，这种物质的构成要素也是这位修士一直保守的秘密。

新发明应该被进行测试。起初，大家往挂有防弹材料的板子上射击，测试结果很成功。但大家认为，还需要检测防弹材料在子弹冲击力的作用下也能够保护人的性命。于是大家决定在用于医学研究的女性尸体上进行测试。

之后又进行了一场以狗为测试对象的试验。当时这只狗穿着特制

如今的枪支比卡基米日•热格兰时代的枪支更加现代化。大部分现代的子弹都可以轻易地打穿他的防弹背心。

的背心，最终狗没有
受伤，但在经历了这一切后，
它肯定受到了很大的惊吓。最
后到了进行**终极测试**的时候——
用真人进行测试。志愿者并不缺
乏（一些人是抱着借此赚一笔的心
理参与的），但卡基米日并不想
以此威胁到任何人的生命，因此
他决定让自己成为测试对象。
最后他毫发无损！

自此，热格兰将自己全部的
时间都奉献给了防弹背心。他
把防弹背心介绍给新的朋友，
并寻找买家。他手工缝制一版
又一版的防弹背心。但他知道，
如果想大规模销售自己的发明
就必须用机器进行生产。但在
美国，他找不到合适的设备，
于是他前往欧洲。在那里，他
认识了上文提到的**简·什切潘尼
珂**，这也是一位伟大的发明家。
热格兰与什切潘尼珂签订了建
造合适机器及缝制更多背心的
协议。但在一次意见分歧后，
那笔交易泡汤了。

时至今日，我们只能从被保存下
来的卡基米日·热格兰的信件中
了解到他本人版本的事件。所
有信息都表明，什切潘尼珂致
力于改良防弹背心，他想"
继承"修士的想法并迫使修
士放弃对其发明的权利。不管怎
样，卡基米日的发明在欧洲没有取
得预期的成功，于是他返回
美国。

46

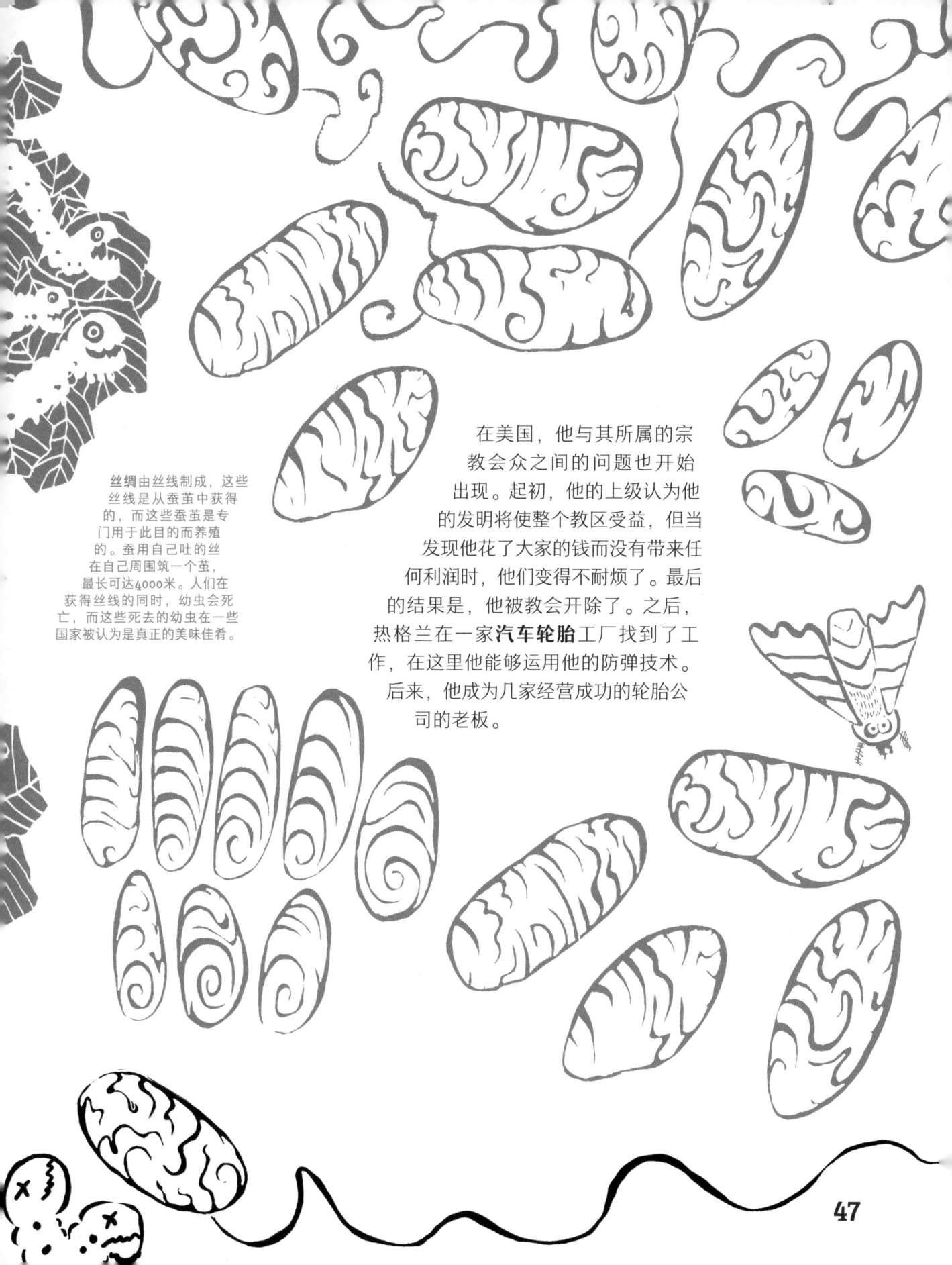

丝绸由丝线制成，这些丝线是从蚕茧中获得的，而这些蚕茧是专门用于此目的而养殖的。蚕用自己吐的丝在自己周围筑一个茧，最长可达4000米。人们在获得丝线的同时，幼虫会死亡，而这些死去的幼虫在一些国家被认为是真正的美味佳肴。

在美国，他与其所属的宗教会众之间的问题也开始出现。起初，他的上级认为他的发明将使整个教区受益，但当发现他花了大家的钱而没有带来任何利润时，他们变得不耐烦了。最后的结果是，他被教会开除了。之后，热格兰在一家**汽车轮胎**工厂找到了工作，在这里他能够运用他的防弹技术。后来，他成为几家经营成功的轮胎公司的老板。

防弹

共七层

卡基米

背心

阻挡每颗子弹！！！

现在最高品质的**防弹背心**是在波兰生产的。警察和其他特种部队使用这些防弹背心。这种背心甚至可能价值几千兹罗提（波兰货币）。

赫莲娜·鲁宾斯坦

化妆品行业的缔造者

1870—1965年

赫莲娜·鲁宾斯坦认为太阳对美貌是致命的。因此她发明了世界上第一款防晒霜。

螺旋睫毛刷是赫莲娜·鲁宾斯坦想法中的一个。如今每个女性对此都很熟悉。而在以前，睫毛膏都是糊状的，要想使用就需要挤出来，用手涂抹！

今天市面上的化妆水、面霜、乳液、粉底、眼影、唇膏、眼线笔、口红层出不穷。但在十九世纪末的商店里，几乎没有美容产品。那时候只有肥皂、牙膏。另外，化妆在当时被认为是不太得体的，因此女性基本上都不化妆。但是，众所周知，女性就是爱美，因此当时的女性寻找各种方法来改善自己的面容。赫莲娜·鲁宾斯坦就这样出现了，她被誉为**化妆品行业的缔造者**，化妆品生产商们至今还在从她取得的成就中获益。

这一切其实都始于不幸的爱情。当时赫莲娜的父亲并不接受她的未婚夫，并计划将她嫁给一位比她大很多却富有的鳏夫，于是赫莲娜开始反抗，并离家前往澳大利亚。她在那里的一家药房工作。女性顾客们都非常羡慕她那光滑且桃色的皮肤，没有雀斑，也没有被晒成黄褐色，大家都想知道她是怎么做到的。她像个女巫似的在自己的厨房里制作各种草药、杏仁精华以及松树皮提取物的混合物；她制作这些化妆品的秘方都是她从波兰带过去的。之后，她将这些物质放入罐子里并贴上标签，就这样，Valaze **面霜**诞生了。当时这瓶面霜要花费大约一周的工资才能买到（如今价值约800兹罗提，约合1400多人民币）。虽然比较贵，但是当时的女性们显然认为它物有所值，因为其销量超过了赫莲娜的最大预期。她机智聪敏且具有商业头脑，她很快意识到美容行业具有巨大的潜力，于是她辞去了药房的工作，开始致力于**美容学**及新款化妆品的生产；同时她还开设了**美容沙龙**。

不久之后，赫莲娜•鲁宾斯坦成为**化妆品帝国**的拥有者和老板。而在当时，女性自己进行商业运作是史无前例的。赫莲娜特别顽强和勤奋，她整日把时间花在实验室和开设下一个美容沙龙的事情上，因为她认为最好由自己亲自打理所有的事务。她从早到晚地工作，闲暇时就想方设法地为自己的产品和服务做宣传。

她在一个贫穷的家庭中长大，但在后来的历史中却成为**世界上最富有的女性之一**。她的财产据估算达到1亿美元，而她的企业集团由全世界154家工厂和32个美容学院组成（在墨尔本、伦敦、巴黎和纽约）。大家都称她为**"美容女王"**。

如今一些美容沙龙被定义为**水疗中心(spa)**。这个词源于比利时的一个温泉度假小镇。当然也有一些人解释其源自拉丁语中的"sanus per aquam"，意指用水来达到健康。在今天的水疗沙龙中，不仅可以进行一系列优质的沐浴，还可以进行许多其他形式的疗养。

有趣的是，她没有在自己的沙龙中做过护理。她声称自己没有时间。她宁可利用这些时间去开发新的化妆品。但是每天早晨早餐前，她都会自己做脸部按摩，并在皮肤上涂上面霜。她说过："没有丑女人，只有懒女人，女性的手无论怎么颤抖，都能把眼睛画出最好看的样子。"

成功需要**坚定顽强的性格**，赫莲娜毫无疑问地具备这种特质：她强势、讲原则、不轻易妥协。她对所有人都毫无例外地不留情面。尽管她的姐妹和其他家庭成员也在她的公司里任职，但她还是毫无顾忌。她很好地诠释了一种人，既吝啬又慷慨。没必要开灯却亮着灯时，她会向员工们大喊大叫；因为价格昂贵，住酒店时她从不用房间内的电话；她愿意买打折的东西。同时，为了改善自己的心情，她请人给自己画肖像画。她尊崇美艳的服饰、高档的物件以及艺术——为此她不吝惜钱财。她家有26个卧室，她的客厅里摆满了画。她喜欢一切赏心悦目的东西，而且喜欢将自己置身于美丽的事物之中。她真是一个完美的女人！

赫莲娜·鲁宾斯坦
美容沙龙

萨尔瓦多·达利 (Salvador Dali) 是著名的西班牙画家，他为赫莲娜·鲁宾斯坦设计了著名的带有首字母缩写"HR"标识的粉盒。赫莲娜还向萨尔瓦多·达利定制了自己的肖像画，在其家中的肖像画多达26幅。

亨里克·阿茨托夫斯基

1871—1958年

南极洲研究员

冰川是最大的淡水冰体，也是仅次于海洋的地球上第二大水库。

那是在1889年。在**南极洲**——地球上最难进入的大陆，雪下了一整夜。所有的一切都被雪彻底覆盖起来：眼前一片雪域千里，寒霜满地的景致。银装素裹，冰冷且安静。进行科考的人员乘着**比利时号（Belgica）**科考船来到这里，才发现自己遇到了大麻烦。一艘不大但坚固的帆船与风暴和水下的冰山进行着顽强抵抗。因为此前还没有这个区域的地图，科考人员们就一边绘制和拍摄下他们经过的那些地方，一边标注航线，以便之后能容易地找到返回的路线。然而，由于他们在南极停留了太长时间，船陷入了冰里。大家尝试用斧子和锤子打破冰块，可是都没有用。气温降到﹣60℃，**极夜**降临。比利时号的全体船员经受着严峻的考验：他们要在这里度过冬季……

亨里克·阿茨托夫斯基是其中的一名研究员，如今他被誉为**极地研究的先锋**。此外，他在**地质科学**的其他很多方面也都开启了新的方向。

极夜就是我们所说的太阳24小时都处于地平线以下的现象。在地球两极地区，这种现象会持续半年。在那段时间，由于缺乏太阳光照，人可能会出现不同的症状，比如头痛、没精神、情绪波动、失眠。

54

在启程前往南极洲的时候他仅仅26岁。但那时他已经是一位相当有成就的知名科学家。最重要的是，他对世界充满好奇，并对获取知识充满热情。他先后在比利时、法国、瑞士和英国学习。他与那些他感兴趣的学科专家们建立联系，一有机会就向他们请教该学科新的学术动向。他甚至把自己的假期都用来进行研究考察。他研究地质学（关于地壳的科学）、海洋学（关于海洋的科学）、冰川学（关于冰川的科学）和气象学（关于地球大气层的科学）。他还精通几门外语。

在十岁时，他就已经熟练使用德语和法语。

在一些关于地球的科学领域的名词中会出现字母组合"**geo**"的部分(比如"地理"为geografia)。这个字母组合源于希腊语，意指"关于地球"。

55

当比利时号被困在南极冰层中时，亨里克却十分镇静。他放弃了？那不是他的风格！他是那种以极大的毅力迎接每一个挑战的人。尽管当时的情况真的很艰难：食物短缺使得所有人都吃不饱，并且大家为了节省燃料，整天都穿得像洋葱一样来回走动。阿茨托夫斯基对周围的一切都不在意，只在船旁边搭建起来的小棚子里不知疲倦地进行研究，那个小棚子也为他充当着原始天文台。他一丝不苟地记录下每一次的测量、分析和描绘。这种观察持续了很长时间，其所得结果也被认为是可靠的数据。阿茨托夫斯基认为，**南极洲的气候**比之前大家想象中的更冷。除此之外，亨里克总是有好心情和好点子。工作之外的空闲时间，他甚至组织大家开展**雪橇之旅和滑雪比赛**。

最后，冰融化了，船员们可以回家了。阿茨托夫斯基意识到，如果要继续自己的研究，就需要大量的时间和安静的环境。因此在返回之后，他辞去了大学的工作，转而到一个气象观测站任职。当时的总理伊格纳奇•帕德雷夫斯基(Ignacy Paderewski)提议他担任教育部部长，但他拒绝了。他对高薪和从政都不感兴趣，他更愿意进行**科学工作**。

亨里克•阿茨托夫斯基是一位伟大的**爱国者**。虽然他曾居住在不同的国家，但他一直与波兰保持着联系。为了强调自己出身于波兰，他甚至将自己真实的姓氏Artzt改成了波兰语形式的Arctowski。他还撰写了一份名为"关于波兰的报告"。这份报告有

2500页打字稿，14个章节，超过100幅地图，大量的图形、表格和图表。除此之外，阿茨托夫斯基非常细心，其所有的论文涵盖的内容量都很大。所有的论文也都由他自己一人完成，他从不依赖任何助手的帮助。另外，他在书籍封面上只体现出自己的姓氏，这样他的努力可能有助于波兰在世界上的科学地位。他去世前希望将自己葬于华沙的请求得到了尊重，今天他的墓地就位于华沙Powązki大街的军事公墓。

为了纪念亨里克·阿茨托夫斯基，他的姓
氏在南极洲的许多地理名词中体现出来，
例如阿茨托夫斯基峰，阿茨托夫斯基半
岛，阿茨托夫斯基海湾，阿茨托夫斯基
冰原岛峰。目前，波兰南极科学考察站
亨里克·阿茨托夫斯基站就在这片区
域进行研究。甚至，在挪威的
斯匹次卑尔根岛就有一座冰
川以这位波兰的地质学家
命名。

卡基米什·普鲁申斯基

电影摄影机的发明者 | 1875—1945年

如今，如果你想看电影，那你有很多选择。你可以前往电影院，可以坐在电视机前，还可以使用电脑、iPad甚至手机观看。无论是记录自己假期中的点点滴滴，还是自己经历的有趣场景，抑或是值得纪念的学校庆典，现在都不成问题。但在二十世纪初期，电影只能在电影院观看。那时候,没有谁的家里拥有播放电影的设备，更不要提拍摄设备了。此外，由于这些设备真的很占地方，而且电影胶带被缠绕在大卷轴上，由此也造成了诸多不便。

与电影制作和电影发行相关的一切都被称为电影摄制。

法国的卢米埃尔兄弟——奥古斯塔•卢米埃尔（Auguste'a Lumière）和路易斯•卢米埃尔（Louis Lumière）——被认为是**电影摄制之父**。他们发明了**电影放映机，**并于1895年组织了历史上的第一次电影放映。事实上，在同期，欧洲和美国的许多发明家都用所谓的**运动图像**进行了实验（结果往往都成功了！）。但实际我们要说的不是电影放映，而是电影摄影。因为事后证实，**电影摄影机**早于电影放映机被创造出来。世界上第一台真正

的电影摄影机的创造者是卡基米什•普鲁申斯基，而路易斯•卢米埃尔曾这样介绍他：先生们，这个人是电影摄制的第一人，而我是第二人。

卡基米什的父亲和祖父都从事**拍摄**的工作，正因如此，他很小就有机会了解相机的构造。不仅如此，他从小就对那些精密的科学感兴趣，一直关注技术类信息，还尝试自己进行发明创造。在他十岁的时候，就自己发明了不同种类的简单的机械玩具，之后逐渐发展成愈发复杂的机器。他从那些已经存在的发明中受到启发，但却从不复制别人已经创造出来的东西。他运用自己的方法发明了一些对日常有用的装置，为此他获得了多达数十项的专利！

第一批电影时长非常短（最多只有几十秒的时间），形式为黑白且无声。其中没有讲任何故事，只是记录了日常生活中的场景：赛马、在公园滑滑梯以及街上的交通。

第一部电影由卢米埃尔兄弟制作而成，名为《位于伦敦的卢米埃尔工厂的大门》。这部电影时长一分钟，仅有35人观看。

61

普鲁申斯基总是一
个人在自己的工作室
里度过很长的时间。他专
心致志地工作，以至于会忽略
周围世界的存在。当有人因为信件
和午餐等日常琐事来打扰他时，他
会很生气。对他而言，安宁与平静才
是最需要的。他通常还会花很长时间
来思考，以求找到最好的解决方案来
最大限度地改善自己的模型。即使当
他快要完成时，如果突然有了新的想
法，他也会从头开始工作。他不会去
计算这些工作占用了他多少时间或是
花费了多少金钱。他梦想着发明出
完美的设备，不仅专业，还不用
花费太多钱就能让每个家庭都拥
有。这也是他与实业家和商人们
永远争吵的原因，因为他们只在
乎利润。卡基米什始终没有放
弃，但他关于低价摄影设备
的梦想最终并未实现。

尽管在工作室里，卡基米什·普鲁申斯基几乎成了隐士，但他仍被视为**团队中的生命和灵魂**。他总是精力充沛、面带微笑、亲切热情、易于相处且善于交谈。他天生是个**乐天派**：他相信，即使出现问题，也只是暂时性的。这也可以理解为什么他有很多朋友，而这些朋友也都很享受跟他在一起的时光，还愿意听他谈自己的工作。

华沙起义期间，他在华沙被捕，并被送往位于茅特豪森(Mauthausen)的集中营。在那里，他甚至还随身携带着自己摄像设备的改进模型。遗憾的是，他在集中营被解放的前几天去世了。

除电影摄影机外，卡基米什·普鲁申斯基还发明了万能纸张处理器——用于折叠和包装纸张的装置，自动阅读器——可以让盲人"读"书的设备，电图机——远距离发送图像的设备，影音传输机——发送有声图像的设备。

卡西米尔·冯克

1884—1967年

维生素的发现者

人们总在谈论吃**维生素**的重要性。为什么呢？因为维生素能使我们拥有良好的视力、强健的骨骼、秀美的头发和漂亮的指甲，这样我们才能远离疾病，茁壮成长。因此我们每个人都会对维生素的重要性表示认同。直到1912年，才有人开始研究维生素的范围和性质。这个人就是卡西米尔·冯克，他的专业是生物化学，一个刚刚开放的领域。他从糙米中分离出一种特殊的物质，这种物质对预防脚气病至关重要（脚气病会对走路造成严重影响）。这种物质就是维生素B₁。

维生素一词由卡西米尔·冯克创造，结合了拉丁语中的vita（"生命"的意思）和词尾部分的amina（维生素B₁中存在的化合物）。人体组织不能自行生成维生素，需要通过摄取食物的方式才能补充维生素。

生物化学是一门结合了化学和生物的科学。它研究生物体的化学结构及其内部所进行的化学和代谢过程。

冯克致力于**生物化学**的研究，而生物化学在二十世纪初期才发展起来，可以看出，那些还未被发现的东西已将他深深吸引。为了进行研究，他需要设备齐全的**实验室**。而这在当时并不容易实现。特别是命运将卡西米尔抛到世界各地：他出生于波兰，在瑞士求学，先后于法国、德国、英国、美国和波兰工作，之后又返回法国和美国继续工作。每到一个新的地方，他就不得不从头开始组织工作。然而他并不介意变化，一旦有机会接受新的挑战，他就会整理好行李，起身上路。

冯克身材矮小，生性腼腆，但他在任何情况下都能取得成功，也没有任何逆境可以使他气馁。他曾在波兰开着一辆没有顶棚的汽车到处寻求研究经费，在那时他患上了肺炎。之后，在第一次世界大战期间，他的房子意外地位于火线之上：所有的窗户都被打破，地板上也满是碎片。在美国时，他为了去工作，每天早上5点起床。先由通勤列车换乘渡船，再换乘火车和有轨电车，最后再步行一段路。在法国时，他必须建一座全新的建筑来满足所需，因为其中不仅要有住所，还要有实验室。然而在工人还未完工时，他就已经在其中一个房间里开始工作了。

他的工作场所不像那些典型的实验室般无菌且整洁，而是各种纷乱无序。化学制品、仪器、书籍、笔记在架子上、桌子上和角落里随意摆放着，而这些也构成了一幅色彩斑斓的图画。冯克那只德国犬总在工作间里转来转去，三只黑色的猫在他腿上捣乱，笼子里还住着鸽子、大鼠、老鼠、豚鼠、兔子和火鸡。真是一个小型动物园。

欧洲核子研究组织（CERN）是世界上最大型的**实验室**。这个功能强大的组织位于法国与瑞士的边境，占地600公顷。有超过2600名全职人员在那里工作，同时还有来自全球500余所科研机构的约8000名科学家、技术人员和工程师在该组织中进行阶段性试验。

卡西米尔不会迷失在这片杂乱之中吗？怎么会呢！他总能确切地知道什么地方有什么。甚至当他没有在瓶子上标注上所装物质的名称时，他也能准确无误地分辨出里面装有的物质。

卡西米尔•冯克还极具**洞察力**。在深度探索医学新领域的同时，他还准确地预测出了未来重要的研究方向。他满怀使命感地进行工作：他希望帮助人们，因此他努力寻找治疗人们疾病的方法（其中包括糖尿病和癌症）。他在世时留下了几百份科学出版物。毫无疑问的是，**现代医学**不仅要感谢他发现了维生素，因为还有很多其他成就也得益于他！

布罗尼斯拉夫·马林诺夫斯基

人类学家及民族学家，曾居于田野部落之中

1884—1942年

身为**人类学家**和**民族学家**的布罗尼斯拉夫·马林诺夫斯基，在其前往新几内亚和超卜连群岛时，将其所有的物品都随身携带。他想研究和记录居住在这些地方的田野部落的生活方式。为了能够做到最好，他在那里采用了一种新的研究方法——这就是所谓的**参与观察法**：他在村子中间搭建了一个帐篷，并与当地人一起生活了好几个月的时间。他逐渐融入当地的风俗习惯中，并学习当地的语言，正因如此他才能完全参与到自己这些新邻居的日常活动中去。

切片培根、新鲜鲱鱼、蟹肉、爱尔兰炖肉、鸡汤、炖野兔、鳕鱼子、瑞士奶酪、沙丁鱼、牡蛎、可可、芥末、番茄酱、5000种不同药效的药丸、地毯、挂钟、床、毯子、床单、防水帆布浴缸、洗漱台、两个小桌子、两把椅子、灯、帐篷、遮阳伞、照相机、一百个笔记本……还不错的行李，对吧？

当地人不知道钱或任何其他的货币，他们通过交换商品获取一切所需。因此马林诺夫斯基通过交换烟草、报纸和可可来获得食物以及故事。尽管超卜连群岛人认为他是个怪胎，但还是非常愿意与其交谈。让超卜连群岛人难以理解的是，竟然有人对他们坐下的方式感兴趣：他们时而直背、时而弯腰地坐在交叉的双腿上，或是蹲坐（每种方式都有其独特的名称！）。马林诺夫斯基时刻关注着所有事物的细枝末节，并将其记录下来。

看起来只有身心健康和性格坚韧的人才可以承受远离文明世界的生活。布罗尼斯拉夫•马林诺夫斯基的远征探险让那些认识他的人都感到很惊讶。要知道，他从小体弱多病，需要随时注意自己的身体。这也是为什么他的行李里有那么多的药品。即使在丛林深处，他也会吞下药丸和滋补品，滴眼药水，并且每天做操强身健体。

即使在他成年以后，马林诺夫斯基也非常听**妈妈**的话。他和妈妈的关系很好，非常重视她的意见。而他的妈妈也总是给自己的儿子提出各种建议：钱应该放在哪里，如何设置闹钟，甚至提醒他使用适合发质的洗发水。在他小时候，妈妈还在科学方面帮助他。由于患有**眼疾**，布罗尼斯拉夫有一段时间必须待在黑暗的房间里，否则就会完全失明（直到去世前他都戴着很厚重的眼镜，这在其所有的照片中都可以看到）。除此之外，为了治病他常常不得不离开学校一段时间，因此他也不能正常去上学。就这样，妈妈只能先自己研读他的教科书，之后再为他叙述讲解。最终，他凭借听来的所有知识和内容出色地通过了考试。这是怎样的记忆力啊！

布罗尼斯拉夫•马林诺夫斯基研究文化人类学，这是一门研究人类所创造的不同文化是如何形成和变化的学科。人类学的名称源于希腊文anthrōpos一词，意指"人"。

民族学，是一门描述和比较不同部落民族文化的学科。其名称来源于希腊文中ethnos一词，表示"人""部落""民族"。

学业完成之后，布罗尼斯拉夫•马林诺夫斯基开始投身于**科学事业**。他在雅盖隆大学获得博士学位，在伦敦大学取得教授头衔，在哈佛大学获得**荣誉博士学位**，成为耶鲁大学的教授。同时，他还经常远征（非洲、北美、中美、澳大利亚）并参加各种会议和活动，并将这些都记录下来。结果呢？成堆的笔记、研究、物品……他留下的文档占用了将近200个大箱子！

马林诺夫斯基思维敏捷、反应迅速，同时非常自信，但也有些固执。因为对于自己下定决心要做的事情，他从不让步。他总是把自己的想法开诚布公地说出来。别人也很难与他讨论问题。学生们都说，听他的课程可是一个真正的挑战，所有人的精力都要高度集中，紧跟课程节奏，因为他可能

在任何时候叫你回答问题。如果学生走神了……哇，那可就惨了！众所周知，马林诺夫斯基是很爱发脾气的。然而，他也以邀请一些学生到他家参加非正式聚会而闻名。会面中他请客人们喝茶，但他自己却直接拿瓶子或罐子喝蔬菜汁或鱼油。好吧，他是个有个性的人，也被当作一个**怪人**。一方面，他被一群狂热粉丝的包围着，另一方面，他面对着一群批评家。

布罗尼斯拉夫不仅与对手和疾病进行着斗争，还有自己的弱点。他认为，必须不断努力工作并**塑造品格**。按照这个原则，他给自己设定了一些具体目标，比如多学习、不犯懒、不读小说、少吃甜食。所以说，给他最艰难时刻的人可能就是他自己！

荣誉博士学位（源自拉丁文"for honor"）是院校专门为在科学和文化领域做出突出贡献的人才授予的荣誉称号。

玛丽亚·窸普利茨卡

1884—1921年

西伯利亚研究员

西伯利亚属大陆性气候。夏季炎热（最低气温有时也会达到35℃），而冬季非常寒冷（冬季夜间的温度可能会达到﹣60℃；每年大约有6个月的时间都在下雪）。春季和秋季持续的时间非常短。

跨越5000千米，当我们有了飞机、高铁和现代化汽车时，这不是什么大问题。但在100年前走这样的路线，而且还是在气候条件恶劣且极少有人居住的广阔地区，这就绝非易事了。然而，却真的有人做到了。玛丽亚·察普利茨卡用了一年多的时间穿越**西伯利亚**，就是为了研究和记录那片在当时还鲜为人知的土地。她拍了几百张照片，做了不计其数的详细笔记，之后在此基础上发表的文章和所著的书籍得到了全世界科学家的认可。

玛丽亚聪明、有才华，而且勤奋。由于承担日常生活的开销。对她来说总是有些吃力，因此她接受各种各样的工作。她做过教师、秘书和侍女。她甚至还为年轻人写过一首名为"欧莱克，星期日"的诗。与此同时，她也在不断地学习。学习对她来说很容易，她也通过优异的成绩获得了奖学金，并凭此奖学金前往英国。在**牛津大学**，她是第二个在那里获得**人类学**博士学位的欧洲人。更重要的是，她还是名女性（当时，女性在接受教育方面面临种种障碍）！

牛津大学是英国最古老的大学，也是全世界最富名望的院校之一。

侍女是以前陪伴和照顾年长、富有的女士或没有母亲的年轻女士的女性。她的工作是协助日常活动，在家或公共场合招待客人，并为客人提供服务。

73

当她发表了关于西伯利亚的第一部作品时，她获得了人们的认可，展示了当时在英国并不为人所知的研究。这项研究是如此吸引她，不久之后，在其教授的鼓励下，她组织起自己的研究考察队。1914年，她出现在西伯利亚的土地上以及各大报纸的封面上。新闻头版是这样写的：**杰出的女性学者，无所畏惧的女研究员，西伯利亚的牛津女性。**

在探险期间，玛丽亚勇敢地面对所有困境。她苗条、精致且充满女性魅力，同时她也表现出了力量、机敏和倔强。她从不抱怨，也从不丧失斗志。她坐雪橇或驯鹿驾驶的大柳条马车远行。但有时，她也会在没有食物的条件下穿越高高的草丛，步行30千米去可能找到猛犸象骨的地方。当强大的风暴来袭时，她险些丧命于**叶尼塞河**：无论如何划动船桨都没有任何作用，船被困在那里，需要快速倒出船里面的水，但水还在不断地涌入船内。她等着暴风雨过去，并尽可能快地把水舀出来，才得以幸存。她与暴风雪和严寒做斗争。她的可可和面包不断地变成冰，而且几乎一融化就变酸了。干肉和干鱼也都变得更硬了。她唯一能选择的新鲜食物是当地人准备的驯鹿肉。但是当烤制时间过长，而又极度饥饿的时候，大家也会吃下半生的驯鹿肉。幸运的是，玛丽亚的身上还带有几块巧克力。

有时人们会说"像西伯利亚一样冷"。在这样的条件下，我们会出现**失温症**：即如果我们身体失去的热量多于其产生的热量，那我们的体温就会下降，随之就会变冷。其伴随的症状有言语不清，运动失调以及关节僵硬。

提到玛丽亚•察普利茨卡时，大家会说：虽然年轻，但她是最有趣的**女科学家**之一。她在大学里工作（在长达两年的时间里，她都是牛津大学唯一的女性讲师），在学术界获得了尊重，并赢得了很多的荣誉和奖励。然而，名望不会永远持续下去。最终，玛丽亚的奖金和奖学金用完了，她开始债台高筑。更糟糕的是，之前她讲课的布里斯托尔大学也不再与她续签合同。她在其他的院校也没有找到工作。就在牛津大学的老板们准备给她一份双倍薪水的新合同时，她被压力压得喘不过气来，最后吞下了毒药自杀了。

扬·柴可拉斯基

1885—1953年

单晶硅提炼方法的创造者

电脑、手机、电视、信号塔、手表、全球定位系统（GPS）、微波炉……每天我们都会用到各种各样的电子设备。所有这些电子设备的核心都是**集成电路**，也就是它们里面的那些微型部件。正是因为有了它们，才让我们的生活更加轻松便捷。但请注意！如果集成电路中没有由特殊材料制成的薄板，那也是不可能的。这种特殊材料就是**单晶硅**，而它的提炼方法正是扬•柴可拉斯基于1916年发明的。尽管他没有等到亲眼见证电子产品开始兴起的时刻，但如今在技术人员的领域中，他却是最常被提及的波兰学者。一些人甚至称他为"**电子工程师的鼻祖**"。

这一切始于扬十几岁的时候，当时他在阁楼里发现一些旧的化学教科书。不久之后，他在地下室着手建立实验室并开始进行实验。

微**电子**包括生产集成电路和其他尺寸非常小的电子元件。

这段经历中有成功也有失败，有时也会以爆炸收场，其结果就是窗户掉了下来，甚至还会波及邻居家的窗户。可以想象得到，他的父亲很不高兴，所以他要求他的儿子必须搬出去。就这样，柴可拉斯基从父母家搬出来，但他依然没有放弃化学。虽然他从未获得该领域的正式学位，但随着时间的推移，他最终成为该领域中杰出的专家——**化学家和冶金学家**。

一天晚上，由于专心计算，他并没有将钢笔伸入墨水瓶中蘸墨，而是不小心放在了煮锡的坩埚里。他迅速拿出来，但笔尖已经熔化，并形成了一条金属细线。

坩埚（熔炉）
是由耐高温材料制成的实验室容器，它用于熔化金属及燃烧各种物质。这个词也被用于比喻发生很大变化或不同群体混在一起的地方，甚至学校也可以成为一个熔炉。

扬对此很感兴趣，于是他开始进行深入研究。结果呢？如果我们将一小块不含杂质的纯金属放到含有多种杂质的被熔化的金属中，然后慢慢将其取出，会发现在其周围形成了一个单晶，换句话说，你会得到少量完全纯净、光滑的金属，其中的杂质已经进入熔融物质状态。这次事故后来被称为**柴可拉斯基法**，如今已被广泛应用于全世界，它是当今数字技术的基石。

扬•柴可拉斯基是名**成功人士**。当他获得金属B元素的专利时赚了不少钱（铁路方面会用到合金）。当时的德国、美国、苏联、捷克斯洛伐克、法国和英格兰都购买了这项专利，当然在波兰也会用到。除了财富，随之而来的还有新朋友、荣誉和生活方式的改变。柴可拉斯基与总统成为朋友，任职于华沙理工大学，成为多家科学理事会的主席和几所机构及工厂的顾问。他总是衣着得体（浅色西装配领结），开着一辆雪白色的豪华小轿车。他在自己的住处组织安排文学会议，参会者都是作家、音乐家和画家。他赞助艺术家，帮助学生，资助博物馆，甚至投资波兰工业。

第二次世界大战后，扬开始与军方合作。因为早前一段时间他曾居于德国，因此他会德语，也了解德国人的心理，这在当时可是非常有用的。他就军备问题提供咨询，撰写秘密报告，执行特殊的侦察任务。在他的协助下，波方指挥官了解了敌军的意图和装备情况，以及战略仓库的位置。

柴可拉斯基当时掌管着华沙理工大学研究所，该研究所负责德国军队的翻新工程，这看上去是与敌方合作，但实际上他支持**波兰抵抗运动**：他为波兰人提供武器，保护科学人员，挽救学院资产。凭借广泛的人际交往，他从监狱中带出被德国人逮捕的人，帮助贫民窟里的居民，拯救波兰艺术家，使国家博物馆的藏品得以留存。

战后，他被控通敌，因此不能回到华沙理工大学，只得前往自己的家乡。在那里，他开设化工厂，生产鞋油、蜡烛、快速固化盐、封蜡、烫发剂以及一种大受欢迎的产品，名字叫"鸽子打喷嚏粉"。他还担任厨师：他用植物做菜，这让他的家人和朋友都感到很惊讶，大家都认为那根本不能食用而且有毒（比如他用毒菌做汤！）。多年来，大家都将他遗忘了，直到2011年华沙理工大学理事会宣布为扬•柴可拉斯基教授**恢复名誉**。

通敌者是指与入侵者合作从而有损于自己国家利益的人。

恢复名誉，这里表示消除不公平指控及恢复良好评价。

81

斯特凡·巴拿赫

泛函分析的创造者

咖啡馆是进行科学工作的理想场所吗？要知道，这里总是拥挤而嘈杂，人来人往，服务员在紧密排列的小桌间忙来忙去，同时还播放着各种音乐……在这种环境下可没有办法集中注意力。但是！斯特凡·巴拿赫却声称，在这种吵闹声中最有利于他进行思考。这也是为什么他可以在喜爱的咖啡馆里一坐就是好几个小时。

当咖啡馆打烊之后，他就前往火车站，到那里全天开放的自助餐厅里继续进行自己对数学方面的思考。他年轻时认为，**数学**可以被探索，但在其中不可能再发现任何新的东西了。直到有一天他意识到自己错了：他自己创造了一个数学领域的新基础，即所谓的**泛函分析**。

在学校时，除了计算，斯特凡对什么都不感兴趣。他各门功课都很好，但数学才是他真正的热情所在。每到休息时，他就解决那些在别人看来一窍不通的难题。放学后，他会在自家的房子和另一个朋友的房子之间走来走去，无休止

地讨论一些数学难题。

他的科学事业源于一次幸运的意外事件。一次，斯特凡在克拉科夫的普兰提公园与朋友讨论数学问题时，杰出的数学家休果•斯泰因豪斯（Hugo Steinhaus）正好经过，并听到他们的讨论。这激起了学者对

泛函分析是一门复杂的数学分科。它是用数学方法解决各领域的问题。

斯特凡•巴拿赫在二战期间的利沃夫（Lviv）（利沃夫当时被苏联占领）幸存了下来，当时他在同事的斑疹伤寒研究实验室做虱子喂食器，该实验室的目标是设计出一种对抗这种感染的疫苗。也正因此，才得以在抗生素出现之前就生产出斑疹伤寒的疫苗。战争刚结束他就死于肺癌。

83

$$p(x+y) \leq p(x) + p(y) \to x, y \in X$$
$$p(\alpha x) = \alpha p(x) \to \alpha \in (0,\infty); x \in X$$
$$\psi: M \to R$$
$$\psi(x) \leq p(x) \to x \in M$$
$$\Phi: X \to R$$
$$\Phi(x) = \psi(x) \;//\; x \in M$$
$$\Phi(x) \leq p(x), \;//\; x \in X$$
$$p: X \to (0,\infty)$$

$$\|a+b\| \leq \|a\| + \|b\|$$
$$\|\lambda a\| = |\lambda| \cdot \|a\|$$
$$\|a\| = 0$$

$$\lim u(x_n) = u(x)$$
$$u(x+y) = u(x) + u(y)$$
$$K_n(T,W) = \sum_{k=1}^{n} g_k(T)$$
$$S(n)(f) = S_n(x) = \int K_n(T,$$
$$\int f(w)\,dw$$

$$\|x\| = \sup\{|x^*x| : x^* \in X^*, \|x^*\| = 1\}$$
$$f(x) = 1, \; x^*|M \equiv 0, \; \|x^*\| = \frac{1}{dist(x,M)}$$
$$u_{\varphi g}() = \int K_q^{(p)}(T_\alpha, W) \times$$

这位年轻人的兴趣，于是他建议年轻人与他一起合作。后来，斯泰因豪斯曾说过，发现巴拿赫是他最大的科学发现。斯特凡•巴拿赫的工作开始于**利沃夫大学**。尽管他没有取得任何一个专业的毕业证书，甚至是数学方面的，但他最终却取得了博士学位、博士后任职资格，最终成为教授。

然而，巴拿赫仍然更喜欢非正式的科学讨论，而不是学术探究。于是在他的倡议下，一批数学爱好者就在大学对面的**苏格兰咖啡馆**里举行聚会。巴拿赫当时是其中主要的参与者。事实上，其他的参与者也都是为他而来。因为大家不仅钦佩他的**数学天赋**，还因为他是个善**于交往且性格开朗**的人而喜欢他。在苏格兰咖啡馆的讨论中，大家都会喝很多咖啡和酒，抽大量的香烟。与此同时，一个接一个的数学难

题也会随之解决。咖啡馆的小桌子都是大理石桌面，这些全神贯注的数学家们有时会用铅笔在桌面上写字记录，最后那些微小的数字串就覆盖在了整个桌面上。其中一次这样的聚会甚至持续了17个小时（他们只在吃饭时稍做休息）！

巴拿赫思考快，说话快，工作也快。难题会将他完全吸引住，但当他想到解决方案时，他就不会再进行复杂的计算，也不会保存 计算结果。他只是不想这样做。几乎没人能跟上他的思维。有时问题

"苏格兰书"是一个笔记本，参会者们可以在上面记录自己的观点，其中也会留有一些难解之题。解开一个难题就会得到奖励：一只黑色的鹅（而且是活的！）。

$$\lim_{n\to\infty} \sup \int |s_n(\tau)|\,d\tau = \infty$$

$$\left\{ \leftarrow \frac{2\pi i}{2^j},\ \frac{2\pi(i+1)}{2^j} \right\}\rightarrow \begin{array}{l}(i=0,2,\ldots,2)\\ j=0,1,2\end{array}$$

$$\lim_{n\to\infty}\sup \int_{\pi}^{2\pi} |s_n^{(2)}(\tau)|\,d\tau = \infty \qquad \lim_{n\to\infty}\sup \int_{\alpha}^{\beta} |s_n(\tau)|\,d\tau = +\infty$$

$$\lim_{n\to\infty}\sum_{k=1}^{i} \beta_{1k}\, s_k \qquad k_q(\tau,w) = \sum_{k=1}^{kq} \beta_k\, K_k(\tau,w)$$

$$S_q[x] = \int_{\alpha}^{\beta} kq(\tau_\alpha,w)\,dw; \qquad U_{pq}(x) = S_q[x] \cdot \int_{\alpha}^{\beta} K_q(\tau,w)\,x(w)\,dw$$

$$U_{pq}(x) = S_q[x] = \int_{\alpha}^{\beta} K_q(\tau,w)\,x(w)\,dw \qquad \int_{\alpha}^{\beta}|x(\tau)|\,d\tau \qquad \langle \gamma,0 \rangle \quad \langle \alpha,\beta \rangle$$

$$\sqrt{\sum_{?}^{n} |x(\tau)|^2} \qquad x = \ln$$

还没提完，他就能马上理解问题并给予回答。因此有人认为他就是一个**未卜先知的人**！

斯特凡·巴拿赫在另一方面也与众不同：他不符合当代观点中对严肃学者的认知。在那时，一位优雅得体的教授会穿着扣上所有扣子的衬衫，配以领带、背心、夹克，更不用说还有手套和礼帽了。斯特凡不能忍受西装，他觉得那太不舒服了。夏天，他穿短袖衬衫和裤子，而裤子却是吊带裤，只带一条腰带。有时他还会突发奇想，在手里拿一根粗粗的手杖，嘴上叼一支雪茄。此外，他还着迷于那些不太优雅的活动，比如那时大家都不看好的运动：**足球**。

斯特凡·巴拿赫国际数学中心于1972年在波兰成立。

卡齐米日·诺瓦克

曾独自一人骑车穿越非洲的旅行家

1897—1937年

图阿雷格人、希鲁克人、瓦图西人、俾格米人、布尔人(现称"阿非利卡人")、霍屯督人、布须曼人、巴宾加人、萨拉姆帕苏人、豪萨人,这些都是**狂热的自行车骑手**卡齐米日•诺瓦克在其远征路线上遇到的人。等一下,等一下,这难道意味着他骑车游历了非洲,穿过了沙漠、热带森林和大草原吗?没错!1931—1936年期间,他真的穿越了整个**非洲**:自北向南,然后又自南向北返回。而且是孤身一人,其跨越的距离长达4万千米。在他之前还从未有人完成过此类壮举!

小卡齐米日从小就喜欢骑车。他认为,没有其他任何的交通工具能媲美骑车所带来的自由和惊喜。同时有一点也是肯定

的,那就是限制行李数量,因为行李架放不下太多的东西。但这又怎样呢!对诺瓦克来说,帐篷、水和一些食物就已经足够了。他还曾骑行跨越整个波兰。他在国外第一次远征时才15岁!当时他骑车去了梵蒂冈(现在看来,当时他可能只是离家出走)。在即将成年时,他结婚了。不久之后,就迎来了自己的两个孩子。可惜的是,之后他丢掉了工作,并在很长一段时间内都找不到其他工作。于是他开始思考该如何养家糊口。直到他有了一个想法:**将热情和赚钱都兼顾到**!于是他

记者,会前往发生重要事件的地方,之后以该事件为题为报纸、广播电台或电视台准备相关素材。一般最后会从海外发回相关的报道。

86

非洲 AFRICA

1936年

卡齐米日·诺瓦克远征路线

起点：的黎波里（1931年），终点：阿尔及尔（1936年）

在2009-2011年间，组织了一场沿卡齐米日·诺瓦克路线进行的自行车接力赛。几十名青年人分24个阶段，完成了与当年这位旅行家完全一致的骑行线路。

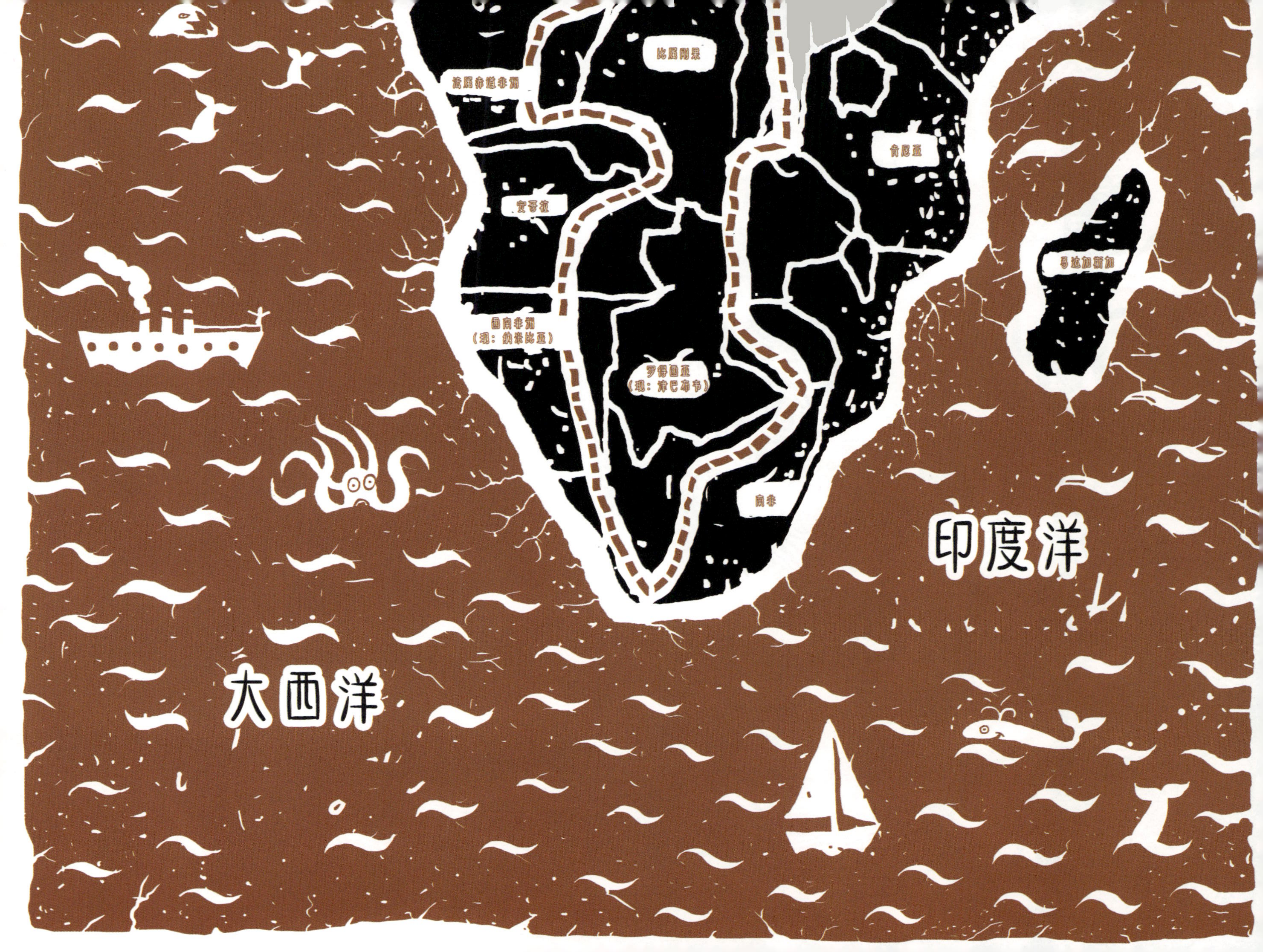
比属刚果
法属赤道非洲
肯尼亚
安哥拉
马达加斯加
西南非洲
（现：纳米比亚）
罗得西亚
（现：津巴布韦）
南非
印度洋
大西洋

波兰每年都会举办卡齐米日·诺瓦克竞赛。获奖者通过文字、照片、视频或故事，以最有趣的方式介绍自己的旅程。

跳上自行车，开始自己在欧洲作为**记者**和**新闻摄影师**的旅行。他动身前往欧洲，途经匈牙利、奥地利、意大利、比利时、荷兰、罗马尼亚、希腊、土耳其和法国。

直至到达非洲大陆边境，考虑到健康问题和缺乏资金，他不得不返回。他暗下决心，终有一日他一定会踏上非洲那片土地。

几年之后，卡齐米日·诺瓦克坐火车从波兰前往罗马，从那骑自行车去那不勒斯，最后乘船横渡地中海。他就这样在**没有任何地图**的情况下，踏上了穿越黑色大陆（非洲）的旅程。真是一名冒险家！他只是问当地人，当他走在路上时，他们认为他应该看到什么，标出的路线在很大程度上取决于他有多少钱，有多少耐力。他避开大城市和主干道，选择那些鲜为人知的小径，因为这样可以更加亲近**原始自然**。但是这样却很危险：因为生性凶猛的野兽就

在身边！在荒野里，可不是一直都能骑行的，有时他需要推车前进。为了赚取下次骑行途中的费用，卡齐米日一路上为那些可以付钱照相的人拍照。但有时他也会指望遇到好心人善意的施舍。他很有魅力，能引起他们的兴趣，即使不会说这种语言，他也能找到交流的方式。他依靠当地人给他提供水和食物，甚至帮助他修理装备。赶上他们讲述各种各样故事的时候，他总是充满兴趣地仔细聆听。他还总是随身携带**日记本**，请路上遇到的士兵、卢旺达的国王甚至在非洲定居的波兰人在他的日记本上签名留言。

他把在每个地区发生的事情的记录寄给国内的报纸。在稿件中，他会讲述非洲和当地的民众，也会写上自己的冒险经历及自己的感受。他

是个极具洞察力和才华横溢的人。他用照片说明文字。他是一位多产的摄影师，也是一位记者，在他的非洲之旅中拍摄了至少一万张照片！

他的文章不仅出现在波兰，也出现在法国和英国。如今，他被誉为**波兰报道的先锋**。

自行车陪伴了他很长时间，但不出所料，最后还是坏了。所以，为了从非洲返回家中，诺瓦克骑过马，乘过独木舟，最后步行甚至骑骆驼。他终于幸运地回到了自己的家。他为这次在黑色大陆的旅行付出了很高的代价。由于漫长而艰辛的旅程以及热带疾病，他的身体已疲惫不堪。卡齐米日·诺瓦克在返回后不到一年就去世了。

报道，是指通过文字、视频或照片讲述事实，其作者为事件见证者，或从当事人、文件中了解到该事件的人。其中，报道的公平公正性和真实性非常重要。

91

卡齐米日·米哈沃夫斯基

1901—1981年

古埃及研究员

考古学家的工作有点类似于侦探的工作，二者都是要解开谜题。他们寻找踪迹、收集证据、联系事实。在众多的因素中，有时第一眼看上去它们之间没有任何联系，但实际上却构成了整个事件。他们进行调查以重现事件的过程。**知识**、**经验**和**直觉**会在这种时候派上用场。卡齐米日·米哈沃夫斯基，这位考古学家和杰出的**古埃及研究员**就这样说。这也就不奇怪为什么他会对读**侦探小说**充满热情（赫丘勒·白罗是他最喜欢的人物角色）。米哈沃夫斯基也喜爱詹姆斯·邦德的电影和名为《眼镜蛇》的侦探剧。

这部侦探剧的播出时间对他而

> 考古学是研究古代文明的历史和文化的学科，以挖掘现场出土的史前古器物为基础。考古学一词来自希腊语，意思是"古代历史"。

言是神圣的时刻，这一点连他的学生们都清楚。课上的教授到点就得结束，这样教授先生可以赶回家观看最新一集。

卡齐米日勤勤恳恳地为自己以后的工作做足了准备。完成在利沃夫的学业后，他又继续在柏林、海德堡、明斯特、巴黎、罗马和雅典学习。在此期间，他也到访了威尼斯和米兰。他非常喜欢旅行，也鼓励其他人这样做。用脚步丈量世界，在**旅行**中增长见闻！他的职业本身也需要去往各个地方。在其一生中，卡齐米日·米哈沃夫斯基参加过很多次的国际**考古探险**，尤其是在埃及的考古。

卡齐米日·米哈沃夫斯基教授被认为是波兰考古学院的开创者，他将考古研究与古迹维护和保护相结合。波兰考古学院在全世界享有盛誉。

最重要的远征是两次在**努比亚的探险**，探险的区域位于埃及和苏丹交界处。当时计划在尼罗河上建造一座大型水坝并挖建纳赛尔湖。然而这样就会使公元前十三世纪的埃及神庙遭受洪水的威胁。于是在联合国教育、科学及文化组织(UNESCO)的资助下，大家开始组织进行对庙宇的挽救行动。这次行动的领导者正是卡齐米日·米哈沃夫斯基。整个行动花费了3600万美元，最终取得了很大的成功：神庙整体被提升了60多米，这样就不会受到水流的影响。如今这个地方就是被列入联合国教科文组织世界文化与自然遗产名录的阿布辛贝。但同时，名为**法拉斯**的村庄被纳赛尔湖淹没。然而在这之前，米哈沃夫斯基已经成功地将

那里大教堂中的画作、装饰物和其他珍贵物品保存下来，那些都是公元最初几个世纪时的物品。

在为进行发掘而建立起来的**营地**中有着硬性规定。不能穿短裤行走，不能打牌，还不能在他人工作时坐着。米哈沃夫斯基难以容忍争吵和打架，对此他会非常生气并大声呵斥。当然，这只在别人不遵从他的建议时才会这样。另一方面，他也非常关心他的同事。在埃及炎热的阳光下，他会照顾每个人，让大家戴上遮阳帽。晚上，在一天的工作结束之后，他与大家坐在一起吃晚餐。同时，他也特别照顾当地的工人，这些人都是在当地被雇佣，从事的都是最艰辛的体力劳动（脱沙和碎石）。其他人都把这些当地工人当成廉价劳动力，然而他却真心地与他们交谈。他的一个学生就曾说过，在发掘过程中，教授既是一位**严厉的父亲**，也是一位**慈善的母亲**。

联合国教育、科学及文化组织 (UNESCO)是旨在文化、科学和教育领域支持、促进国际性合作的组织。联合国教科文组织现有成员国近200个，其中也包括波兰。其倡议中包括联合国教科文组织世界遗产名录，其中收录并不断更新全世界最具历史和自然价值的景观及地区。

毫无疑问，考古工作是一次大冒险，但也并不简单。他常常要应对恶劣的条件和其他障碍。但卡齐米日•米哈沃夫斯基**性格坚毅**。酷热、沙尘暴、蝎子和蛇，他在埃及的发掘过程中，勇敢地承受着这所有的困境。

即使当他不参加任何远征探险时，也没有真的放松下来。他工作很长时间，总是第一个起床，最后一个入睡。如果他感到劳累，也只是打个小盹就足够了，醒来后又精神抖擞。他没有自己的时间，也不做任何运动，很少去电影院或剧院。但在面对记者时，他总能找到时间，他从未拒绝过任何**采访**。

如今可在华沙国家博物馆古
代艺术展厅欣赏到卡齐米
日·米哈沃夫斯基发掘出的
文物。

GHIJKLMNOPRSTUWXYZ ABCDEFGHIJKLMNOPRSTUWXYZ ABCDEF

马里安·雷耶夫斯基

密码学家，破译了恩尼格玛密码机

1905—1980年

STUWXABCDEFGHIJKLMNOPQRSTUWXYZ ABCDEFGHIJKLMNOPQRSABCDEFG

据估算，1934年，德国人使用了超过三百万台的恩尼格玛机！这个数字后来还在不断增加。

人们发明了将基本文本转换成加密代码的机器：输入普通的信息，机器将其转换为密文，接收者可以利用相同的机器自行解密。

在第二次世界大战之前的几年和战争期间，德国人使用名为**恩尼格玛**的密码机来进行秘密的计划和指令。波兰人虽然成功拦截了信息，但很长时间也无法破译密码。在这种情况下，即使是有千里眼也没有用，大家都认为永远也不可能破解德国的密码了。然而，1932年，**数学家**和**密码学家**——马里安·雷耶夫斯基却做到了。

要怎么做才能使信息不落入坏人之手？那就需要将它加密！这意味着要隐藏某些单词，甚至是其他单词和词语中的字母，这样就不会构成逻辑顺序，但收件方却可以理解。通过这种方式，本来大家都能明白的明文就成了**密文**，只有其中的知情者才能读懂，而这些人清楚所谓的**密钥**——即他们知道在特定标识下隐藏的信息。有时我们可能会在游戏中或为了好玩而使用密码，但对于情报部门或军事部门来说，它们有着非凡的重要性。为了加快加密速度，

雷耶夫斯基并没有打算成为密码学家。他最感兴趣的是数理统计，并梦想着作为数学家投身于科学事业。由于他是班里成绩最好的学生之一，因此被安排学习**密码学课程**。他与两名同学——耶日•鲁日茨基和亨里克•齐加尔斯基——一起取得了当时最优异的成绩，并被波兰总参谋部密码处录用。他们的工作必须做到最严格的保密状态。他们必须发誓，不告诉任何人正在进行的工作内容。他们甚至与局里的其他员工隔离，也不能与外人交谈。他们唯一的任务就是**破译恩尼格玛密码**。最终，他们成功做到了！

密码学（密码使用法）是关于加密内容的学科，它研究编制密码和破译密码的方法。这个词来源于希腊语中"krypto"部分，具有"隐藏的""秘密的"意思。

密码机非常复杂。每24小时密钥就会改变一次，因此**破译**工作每天都要重新进行。马里安•雷耶夫斯基和他的同事们全力以赴地工作。特别是在战争爆发后，他们在与法国和英国军队合作时，要实时破译他们发进来的秘密消息。德国人甚至没有意识到，他们在最后阶段失败的主要原因是盟军利用了他们所截获的信息。

雷耶夫斯基非常胜任这种特殊的任务。因为他本身就是一个**神秘**和**沉默寡言**的人，且身材体态很不显眼。他总是匆匆忙忙，但依然会微笑着提高帽子并回应"您好"。如果别人有求于他，他也乐意给予帮助，但他并不会主动去找别人相伴。他从不谈及自己和自己

2009年，波兰邮政局发行了一套邮票，票面为三位解密人物：马里安·雷耶夫斯基、亨里克·齐加尔斯基和耶日·鲁日茨基。

ENIGMA

恩尼格玛如何运转？首先要设置加密密钥。在键盘上选择加密信息中特定字母对应的按键，之后电流信号会经过转子，转子用代码指定的字母替换每个字母，然后在灯和字母面板上点亮。

转子

键盘

带有字母和小灯的面版

的家庭，更不会谈到他在做的工作。(秘密始终藏在他心里！)直至1967年，他才揭示是他破解了恩尼格玛密码，并且帮助推翻了希特勒政权。

马里安有着**惊人的记忆力**。35年后，他依然记得在密码破解过程中所有用到的复杂数学运算中最细枝末节的内容。他有着异常敏锐的头脑。为了娱乐，他玩填字游戏，但这对他来说丝毫没有难度，就好像是他自己出的题一样。他不与任何人竞争。但在下国际象棋时，无论对手玩得多好，他都能用三步或四步将对方将杀。他是天才吗？看来是的！

亚采克·卡尔平斯基

1927—2010年

波兰第一台小型计算机的设计者

当他还是一个小男孩的时候，他还不知道自己长大后想做什么。作曲家？他喜欢音乐，可以辨别出众多谱子中的旋律。化学家？谁知道，也许他能为世界上的所有疾病找到治疗的药品。但最终他还是决定从事电子行业。这对波兰的科学界真是件幸运的事！亚采克•卡尔平斯基成为一位伟大的**电子工程师**和**计算机科学家**，他也是许多现代机械的设计者。

第二次世界大战爆发时他仅有12岁。由于那时他身高很高，因此他对所有人都说自己14岁。这样他才被允许加入代号为**灰色等级的地下组织（波兰童子军协会）**并参与**小规模的破坏行动**。在华沙起义中的第一天夜里，小亚采克就受伤了。子弹卡在了他的脊椎里（子弹也从未被取出）。这对他的行走造成了影响。但战后，他很快又与兄弟和朋友一起去了山上。他靠着两根棍子前进。直到有一天，他在路上扔掉了其中一根棍子，他心里想：够了！我用一根棍子也能走。又过了一段时间，他把第二根棍子也扔掉了。从那以后，他仅凭借自己的力量到处行走。

尽管也参与战斗，但卡尔平斯基每天都在学习：数学、物理、化学、文学和英文。他在家自学。战后，他完成了理工院校的学习，凭借赢得联合国教科文组织的年轻科学家全球竞赛，他前往美国**哈佛大学**学习。后来，其实他本可以留在美国，因为已经受邀在那里工作，但他没有接受，最终还是返回了波兰。

灰色等级是波兰童子军协会在第二次世界大战期间采用的名称，其在战时进行秘密行动。灰色等级的参与形式包括小规模的破坏行动，即嘲讽或削弱德国占领者的小型活动，如在墙壁上画上波兰标志，撕掉德国旗帜，打碎对德国人开放的商店的玻璃。

哈佛大学是美国最古老的大学。它也是世界上最好和最负盛名的大学之一。

型计算机 K-202

KAR-65型计算机

AKAT-1模拟计算

如今，可以在华沙的
科学技术博物馆内看到
亚采克·卡尔平斯基设计
一些设备。

　　凭借着丰富的学识和聪明才智，亚
采克·卡尔平斯基成为一名**全面的工程师**。他
设计建造的东西包括：用于进行长期天气预报的
机器、数学数据分析仪（模拟计算机）、感知
器、一种根据摄像机记录的图像来识别地形的
机器（若对其输入三角形，该机器就能够对三角
形进行识别）、手动扫描仪、声控机器人、收银
机。同时他还参与了第一批超声设备的设计工作。
但是，他最大的成就是设计了波兰第一台**小型计算
机**，他也因此有时被称为**"波兰的比尔·盖茨"**。
这台计算机创建于1970—1973年期间，比著名的
美国人建立的微软公司还要早！当时同期的其
他小型计算机的尺寸都类似于一个小壁橱，而
这台小型计算机的尺寸却与现代的台式电
脑相近。

亚采克·卡尔平斯基工作起来速度很快，但却有点混乱。看起来像是担心自己会忘记刚才的点子一样。一件事刚做完就立刻开始做下一件事。当他一心专注于新发明时，他甚至专心到忘记吃饭。为了不把时间浪费在上下班的路上，休息时，他就睡在办公室的睡袋里。

他生活的年代很艰苦，当局有很大的权力来镇压不服从他们的人。即使是像他那样杰出的天才，也无法取悦执政当局。更何况卡尔平斯基很毒舌，总能激怒上级领导：您这点才智也就够制造那些便壶。被解雇之后，他想前往国外，但却被拒绝发以护照。于是他开办了农业课程，并搬到乡村田间生活了一段时间。在那里，他过上了**农民的生活**：养鸡、养牛、养猪。

据说大多数天才都不擅长经商。而这个原则在卡尔平斯基的身上也成为现实。由于接连被解雇，他的积蓄也逐渐变少。他不善于金融投资，同时还有着无力偿还的大量贷款。他甚至失去了住所。事业没了，他的所有发明都没能进行大规模生产。尽管如此，他内心依然平静且乐观。他还是满脑子新的想法，他相信，终有一日，会有人了解他设计的东西。

亚采克·卡尔平斯基获得了两枚重要的国家勋章：一枚是2009年表彰其为波兰共和国独立做出的杰出贡献；另外一枚是2010年，在其去世之后，表彰其在计算机设计领域的杰出成就及为波兰科学发展做出的贡献。

AAH - 进行天气预报的机器

小型计算机 K-202

旺达·卢切薇姿

1943—1992年

两座世界最高峰的征服者

旺达·卢切薇姿每天都保持着整齐的穿戴和优美的体态：优雅的长裙、漂亮的鞋子、精致的妆容。但在高山上，她却变了模样，甚至你可能都认不出她：羽绒服、防水裤、厚重的登山靴以及装有登山必备的帐篷、睡袋和各种设备的大型背包。旺达·卢切薇姿——真正的**女登山家**，也是**征服喜马拉雅山的女性**。她尤其愿意去征服那些海拔超过8000米的山峰。她是欧洲第一位，也是世界第三位登顶**珠穆朗玛峰**的女性。她曾以第一位女性登顶者的身份站上**乔戈里峰（K2峰）**。如今的女性登山探险者很多，但在当时，二十世纪六七十年代，阿尔卑斯山和喜马拉雅山还是男性的天下。那个时候人们深信，女性不会也不该登山。然而正是这种观念才促使旺达接受挑战，她一定要纠正人们持有的这种错误观念。

珠穆朗玛峰位于喜马拉雅山脉，是世界最高峰（海拔8844.43米）。世界第二高峰为乔戈里峰（K2峰）（海拔8611米），位于喀喇昆仑山脉。

从小她就参加各种**体育活动**：游泳、打排球、田径运动。父亲还会带她一起远足并教她如何准备装备。每当这时，父亲都坚持一个原则，那就是为一切做好准备，天气的变化、必需的宿营和自己准备食物都是徒步旅行者的必备技能。旺达当时学习的专业是少有女性学习的**电子学**，之后在华沙的数学机械研究所工作。她总是骑着一辆Junak牌波兰重型机车，喜欢风驰电掣般的冒险骑行，甚至尝试着参加比赛！但是她从来不愿意长时间地待在同一个地方，尤其是城市。一旦有机会，她就会去攀登高山。

她极具进取心。她给自己设定目标，一旦完成这个目标就又去寻找新的更难的目标。但完成目标并不是她的追

旺达·卢切薇姿是回忆录《单线之上》和《梦想大篷车》的作者。她将自己的远征攀登经历都写在了回忆录中。

求，而是她实现梦想的道路。真正驱使她完成目标的是行动与对抗，与险峻的地形、霜冻、缺氧、自身弱点以及疲惫的抗争。她总是一开始就证明自己能克服一切困难——完全靠自己。她从不向别人寻求帮助。她认为，在高山上和在生活中一样，只有独立克服困难才算优秀。她保持着健康的身体，随时做好准备应对一切不适，她百折不挠，有时甚至比男人的耐力还强。也许这就能解释为什么通常男人都不太喜欢她，虽然他们也挑不出她的任何问题。有一点倒是真的，她爬得慢，但**攀爬技术**却很好，并且总能到达顶峰。

干城章嘉峰是世界第三高峰，位于喜马拉雅山脉，海拔8586米。印度教徒认为它是神灵之地。

成为**女性中的第一人**对她来说还不够，她想向男性看齐，和他们攀爬一样的路线，克服相同的障碍，登顶同样的山峰，甚至超越他们！她能够在营地等上好几个星期再上路。她边听音乐边看书，靠阅读来消磨时间，她已然将山间的帐篷当成了自己的家。只有在找不到任何方法继续前进的时候，她才会放弃。

在一次探险中，她摔断了腿，因此不得不进行两次手术和漫长的术后康复。她很难恢复到以前的身体状态，但她并未放弃。她顽强地进行练习并强迫自己活动起来。作为登山队队长，大家都需要她，于是她拄着拐杖去山间。经历千辛万苦之后，泪水顺着她的脸颊流了下来。她经常说，宁愿**拿生命冒险**，也不要浪费生命。

她不仅严格要求自己，还要求别人。当别人做的事情和她认为正确的方式不一样时，即使是最细微的事情，她也很难接受。在一次探险过程中，当大家打好背包准备离开时，看似一切都已收拾完毕，但显然还剩下不少垃圾，而背包里也再没有地方放得下了。这时旺达不假思索地拿出包里的两个冰镐，并把垃圾袋放在它们的位置。她解释说："总有人更愿意拿一个冰镐，而不是一袋垃圾。"当其他攀登者被指责犯规或缺乏运动精神而发生争执时，她总能**如磐石般保持冷静**。她从不提高嗓门，也从不抱怨。

旺达•卢切薇姿总是重复着每个登山家和喜马拉雅山征服者都知道的原则：在高山上只能靠自己。当艰难地迈出每一步且呼吸困难的时候，只有生存的意志和对目标的坚定追求才能够实现攀登顶峰的梦想。然而，1992年5月13日，她高估了自己的实力。在攀登**干城章嘉峰**期间，尽管没带睡袋和食物，她还是决定在海拔8200米高的斜坡上等待一夜，那里也是同伴最后见到她的地方。

死亡区在海拔不足8000米的高度就开始了。那里普遍缺氧，从而导致身体缺氧，会对生命造成威胁。

109

攀岩绳

冰镐

冰爪

图书在版编目（CIP）数据

做最好的自己/(波兰)玛尔塔·金凯维奇著;
(波兰)乔安娜·热扎克,(波兰)皮奥特·卡尔斯基插画;
郝菲菲译.—北京:中国农业出版社，2019.7
　　ISBN 978-7-109-25493-0

　　Ⅰ.①做… 　Ⅱ.①玛… ②乔… ③皮… ④郝… 　Ⅲ.
①儿童故事—作品集—世界 　Ⅳ.①I18

中国版本图书馆CIP数据核字（2019）第091618号

©Copyright for text by Marta Dzienkiewicz, 2013
©Copyright for illustrations by Joanna Rzezak and
Piotr Karski, 2013

Originally published in 2013 under the title "Pionierzy" by
Wydawnictwo Dwie Siostry, Warsaw.

合同登记号：图字01-2019-2713号

做最好的自己
ZUO ZUIHAO DE ZIJI

中国农业出版社
地址：北京市朝阳区麦子店街18号楼
邮编：100125
责任编辑：马英连
印刷：鸿博昊天科技有限公司
版次：2019年7月第1版
印次：2019年7月北京第1次印刷
发行：新华书店北京发行所发行
开本：889mm×1194mm 1/16
印张：7
字数：180千字
定价：48.00元

版权所有 · 侵权必究
购买本社图书，如有印装质量问题，我社负责调换。
服务电话：010-59195515 010-59194918

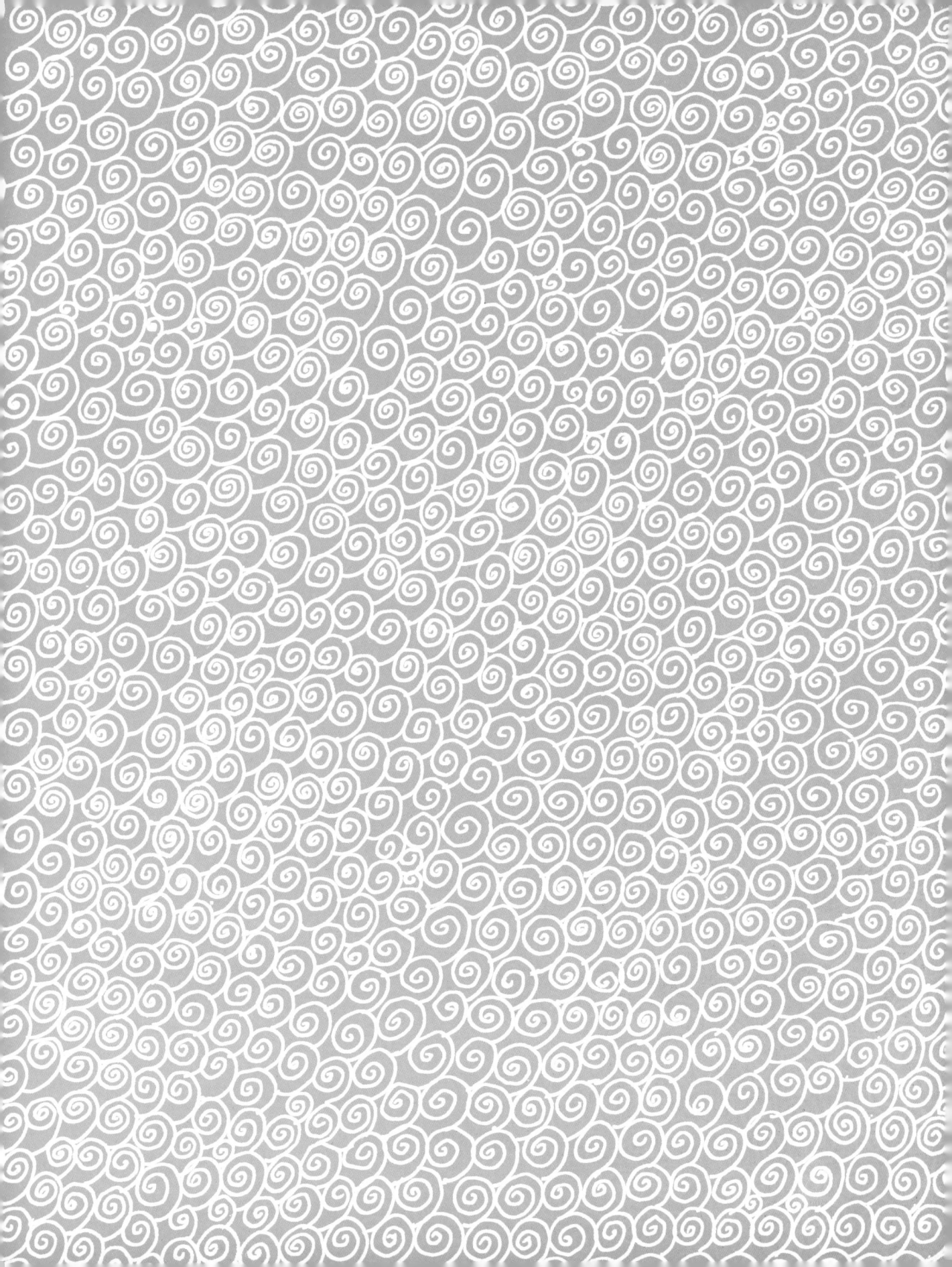

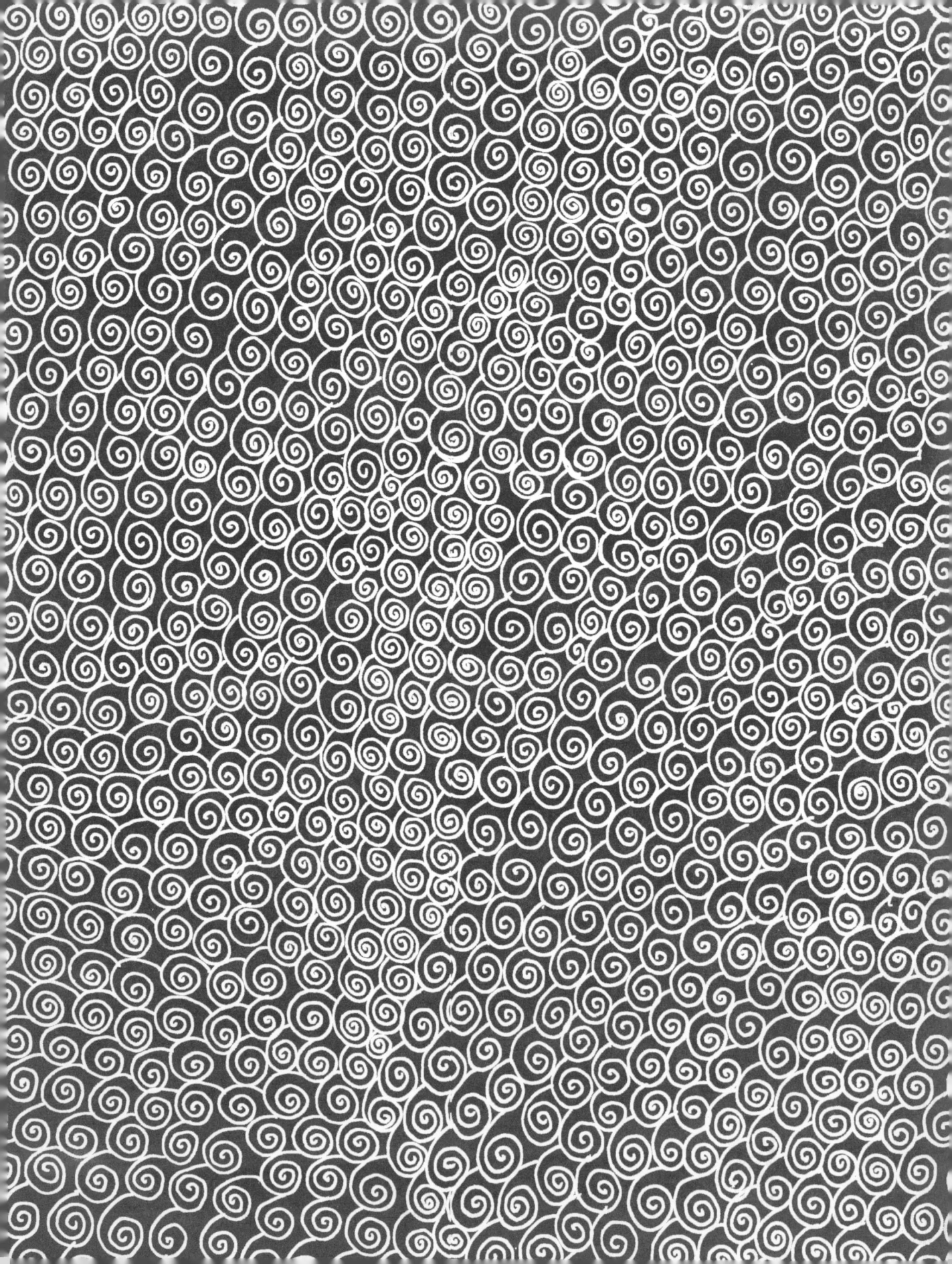